FAYE

LAURA

Avanti!

A FUN-FILLED ITALIAN COURSE FOR BEGINNERS.
Elio Guarnuccio and Michael Sedunary.
Consultants: Lidia Arvanitakis and Joseph Favrin.
Designed by Cozzolino Hughes. Illustrated by Neil Curtis.

CIS Educational

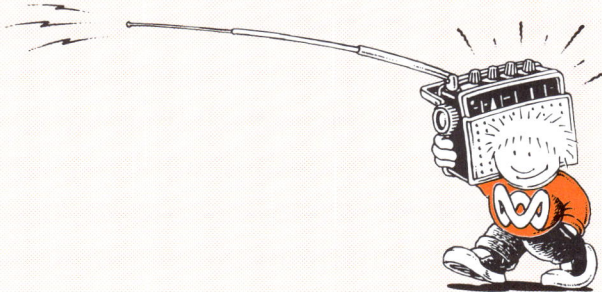

A series of 20 programmes based on this book has been produced by ABC Radio in conjunction with CIS Educational. The series is available on cassette from ABC Education in your State.

CIS Educational
245 Cardigan Street
Carlton Victoria Australia 3053
Telephone (03) 9349 1211
Facsimile (03) 9347 0175

First published as a book in 1982
Reprinted 1983, 1984, 1985, 1986, 1987, 1988, 1989,
1990, 1991, 1992 (twice), 1993, 1994, 1995, 1996

Designed by Mimmo Cozzolino at Cozzolino Hughes
with the assistance of Lindy Barnes, Neil Curtis,
David Hughes and Rosanna Di Risio
Illustrated by Neil Curtis
Photography by Mimmo Cozzolino, Arthur D'Aprano
and Elio Guarnuccio

Typeset in Trade Gothic by Dovatype, Melbourne
Printed in Australia by McPherson's Printing Group

National Library of Australia Cataloguing-in-Publication data

Guarnuccio, Elio.
  Avanti!
  For children. Includes index.

ISBN 0 949919 02 0.

  1. Italian language - Composition and exercises.
  I. Sedunary, Michael. II. Title.

458.2'421

Foreword.

The teaching of Italian has long suffered from a dearth of didactic materials. Teachers of initiative and goodwill were forced to improvise, and produced textbooks often with more enthusiasm than methodological rigour. But it would be easy to dismiss those efforts as inadequate without recognizing their pioneering and formative function. Nothing can be superseded before it is thoroughly assimilated: from early errors of construction we have learned better planning; from shaky methodologies we have moved to safer and more effective approaches.

In a sense *Avanti!* is the heir to a fruitful tradition. On the other hand its authors have successfully striven to avoid the mistakes and pitfalls that make earlier courses appear today less attractive than their authors intended. *Avanti!* is an amusingly illustrated, witty, intelligently planned course, following up-to-date communicative trends without sacrificing a sound grammatical basis. It is written in sensible authentic Italian, with few concessions to the *grammaticaliano* of many beginners' courses. It contains simple but interesting notes on Italian culture. It is attractively produced.

Having written courses myself I know from experience that no textbook is everlasting, or totally free from those imperfections that will inevitably appear to later and more mature wisdom. But I can see that *Avanti!* has a lot of staying power and deserves to be widely used in our schools for a long time. It is a most encouraging sign that the teaching of Italian in Australia has come of age and will grow from strength to strength in the future.

Professor G. Carsaniga,
Department of Italian,
La Trobe University.

Introduction.

The **Avanti!** project has been designed to create a comprehensive course in Italian for young Australians.

Every effort has been made to meet young language students "where they're at". Together with the artists, we have always aimed to keep *Avanti!* lively, imaginative and humorous . . . if not downright cheeky in places.

Even the most cursory glance at the illustrations on almost every page of *Avanti!* will reveal the Australian perspective of the course. One of the underlying themes of *Avanti!* is cultural comparison, using the students' experience as the point of reference.

Method.

The starting point in each chapter is a humorous situation with which young people should readily identify. Skill in the language grows as students learn to communicate effectively in similar situations. In fact, this communicative approach to language learning is the basis of *Avanti!*

The inductive method of teaching grammar is also central to *Avanti!* The formal treatment of grammar is held off until the end of each chapter, since a structured understanding of the language is a point of arrival, growing out of the experience of language situations within the chapter.

Teachers will be gratified to see that the course proceeds very gradually, making realistic demands on young students. At this level we can expect students to handle a fairly limited amount of grammar, but we can then demand that they know it thoroughly.

We have endeavoured to incorporate the best elements of language methods. There is a heavy reliance on audio and visual stimulus, but not at the expense of comprehensive written exercises.

Educators today feel the pressure of competing for children's interest in a world of computer games and colour television produced by professional image makers. We hope that *Avanti!* will provide teachers and students with a book full of visual interest and that students will take real pleasure in handling the book.

The Cartoon Strip Pages.

Each chapter begins with a comic-book style misadventure of a gang of 12 to 14 year-olds: Laura, Angela, Faye, Giorgio, Kevin and Dario. We follow the gang of six at school, at home, in Kevin's laboratory, at K mart, Luna Park and to their appearance on New Faces.

Each script is best introduced in conjunction with the tape of the appropriate programme from the *Avanti!* broadcasts on ABC Radio.

The drawings, coupled with the voice inflections and sound effects on the tape, should be enough to help the students understand the text. Word for word translation should be discouraged from the outset and the Italian text should be seen as existing in its own right.

Avanti Parliamo!

The aim of this section is obviously to get students speaking the language.

The class is to be encouraged to imitate the voices of those on the tape, or to reproduce the lively example set by the teacher. There is no reason why the students should limit the use of these exercises to replying in parrot fashion. Situations can easily be acted out in pairs, or practised by the whole class divided into small groups. The tapes, although useful, are not essential.

Avanti Scriviamo!

This section offers written reinforcement of the language content of each chapter. Space is provided in the book for the completion of each written exercise. Although this is probably a more serious section of each chapter, care has been taken to select exercises which stimulate student interest. Conventional grammar and limited translation exercises are mingled with puzzles and word games. Here, as everywhere else in *Avanti!*, the artist has been busy.

Canzone.
A song in Italian has been included in every second chapter. The songs are performed on the ABC Radio broadcasts. These include simple children's songs, cheeky adaptations of old classics and some original songs. The main aim has been to link them to the vocabulary and content of the rest of the chapter.

Giochiamo . . .
Each chapter includes a game which reinforces an aspect of language learning appropriate to the stage that has been reached. The games included have been chosen for their relevance to language topics being treated and their practicability in the classroom.

Lo Sai Che . . .
This section highlights an aspect of contemporary Italian lifestyle which should be of interest to young people. It serves as an enrichment and extension of language topics treated in the chapter. There are also some photographic pages intended to give further glimpses of life "all'italiana".

Cultural Units.
These offer students a starting point for research on aspects of history or geography. A number of research topics is suggested but teachers will obviously set tasks according to the interests of the students. Some students who find language learning difficult may show more interest in this aspect of the course.

Suoni Nuovi.
This section singles out areas of probable pronunciation difficulty for some intensive practice. Special attention is paid to Italian vowel and diphthong sounds. The problem sounds are assembled in a number of tongue-twisting nonsense verses which are meant to be read aloud. Some students may enjoy making up their own.

Parole Nuove.
The vocabulary lists are there to be used to check that comprehension has been accurate. Learning by heart of all vocabulary is still an important part of language learning, and old fashioned tests and quizzes still have their part to play.

How Italian Works.
Teachers could consult this section first to see what grammar is being treated in the chapter, but should not use it as a starting point with their students. Their starting point will be the communication arising out of concrete situations depicted in the comic strips and in Avanti Parliamo!

Avanti Ascoltiamo!
This section focuses attention on listening comprehension through a series of realistically graded exercises.
It also revises vocabulary by getting the students to recognise sound effects.

The Avanti! ABC Radio Programmes.
These programmes are an invaluable adjunct to this book. They dramatise the cartoon strips and contain some of the Avanti Parliamo! exercises, the songs, the Avanti Ascoltiamo! exercises and a discussion on some of the Lo Sai Che . . . topics.

This, plus the liberal use of sound effects and comic music stabs add up to a lively presentation providing stimulus for class participation as well as models for imitation.

ABC Radio has also produced separate cassettes which contain all the Avanti Parliamo! exercises. For more information contact ABC Radio Education in your State.

More specific ideas on the use of *Avanti!* in the classroom and on assessment are contained in the *Avanti! Teacher's Book*. Work on the intermediate level, to be called ***Sempre Avanti!***, has already begun.

Buon divertimento!
Elio Guarnuccio and Michael Sedunary

Contents.

Contents.

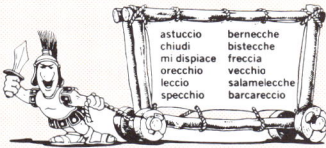

astuccio	bernecche	
chiudi	bistecche	
mi dispiace	freccia	
orecchio	vecchio	
leccio	salamelecche	
specchio	barcareccio	

Paolo
il fratello

Laura

Agnese
la sorella

SUONI NUOVI

CAPITOLO QUINDICI.
IL COMPLESSO AVANTI.

Contents.

Acknowledgments
We wish to thank all the people whose names appear on
the back cover for their contribution to *Avanti!* And also to
the teachers and students who have tested the material
during its development.

CAPITOLO UNO

LUNEDÌ.

AVANTI PARLIAMO!

Don't be shy, say hello!

A. Signora Vitale   **Buongiorno Signora Vitale.**
Signor Barbi   Buongiorno . . . .
Signor Berto   . . . .
Signora Casati   . . . .
Professore   . . . .

B. Signora Nerli   **Buonasera Signora Nerli.**
Signor Agostino   Buonasera . . . .
Signora De Rosa   . . . .
Signor Giordano   . . . .
Signora Simoni   . . . .
Signor Bongiorno   . . . .

C. Laura   **Ciao Laura.**
Angela   Ciao . . . .
Faye   . . . .
Dario   . . . .
Kevin   . . . .
Giorgio   . . . .

What's your name?

D. **Come ti chiami?**   Mi chiamo Dario
Come ti . . . . . ?   Mi chiamo Angela.
. . . . ?   Mi chiamo Faye.
. . . . ?   Mi chiamo Giorgio.
. . . . ?   Mi chiamo Laura.
. . . . ?   Mi chiamo Salvatore.
Salvatore? Chi è? Chi è?

Somebody's late. O.K., who is it?

E. Laura è in ritardo?   **No, non è in ritardo.**
Kevin è in ritardo?   No, non è . . . .
Faye è in ritardo?   No, ...
Angela è in ritardo?   . . . .
Giorgio è in ritardo?   . . . .
Dario è in ritardo?   . . . .

Dario è sempre in ritardo.

F. Sei in ritardo, Laura?   **No, non sono in ritardo.**
Sei in ritardo, Kevin?   No, non sono . . . .
Sei in ritardo, Faye?   No, ...
Sei in ritardo, Angela?   . . . .
Sei in ritardo, Giorgio?   . . . .

Sei in ritardo, Dario?
Uffa! Sì, sono in ritardo!!

PAROLE NUOVE.

a	to	sei	you are
arrivederci	see you later, goodbye	sempre	always
avanti	come in	Signor(e)	Sir, Mr.
buonasera	good evening, good afternoon	Signora	Madam, Mrs.
buongiorno	good morning	sono	I am
buonanotte	good night	tutti	everyone
è	(he, she, it) is		
lunedì	Monday	come ti chiami?	what's your name?
no	no	in ritardo	late
non	not	mi chiamo	my name is
o	or	mi dispiace	I'm sorry

LO SAI CHE . . .

"Ciao!"

Use this to say hello or goodbye to any of your friends whatever the time of day.

But with adults or people you do not know very well, you would say **buongiorno,** which means good morning.

How do you say good afternoon?

Well, from afternoon to evening it is quite simple, just use **buonasera.**
In Italy people tend to greet one another in public places, just as a matter of courtesy. On entering a doctor's waiting room, for example, an Italian would probably say **buongiorno** or **buonasera,** whether he knew the people there or not.

The word **ciao,** which is a friendly, informal word today, originally meant something quite different. It came from the words **schiavo** (slave). Can you work out the connection?

SCHIAVO

AVANTI SCRIVIAMO!

Buongiorno **Buonasera** **Buonanotte** **Ciao** **Arrivederci**

A. Write the greeting you would use for each of the following.

Modello:

_____Buonanotte_____ Gianni.

1. _____ Giorgio. 4. _____ Signora.

2. _____ Dario. 5. _____ a tutti.

3. _____ Laura. 6. _____ Angela.

B. Signora _____ Sempre _____

Mi chiamo _____ In ritardo _____

Buongiorno _____ Mi dispiace _____

Avanti! _____ Tutti _____

Do you remember what all these words mean? And NO CHEATING!

C. Fill in the blanks.
1. S __ g __ __ __ a
2. __ u __ __ __ s __ r __
3. __ __ __ p __ e
4. __ __ c __ __ __ __ o
5. avant __

D. Unjumble these sentences.
1. chiami come ti? _____
2. Dario chiamo mi _____
3. in sei ritardo? _____
4. in sono ritardo, sì. _____
5. sempre sono non, ritardo in no. _____

AOCI A TIUTT

AVANTI SCRIVIAMO!

E. The following sentences are related to the drawings below.
Write each sentence in the appropriate bubble. (Hint: look at page 9).

- Mi chiamo Angela.
- Buongiorno a tutti!
- È buongiorno o buonasera?
- Dario è sempre in ritardo.
- Sei sempre in ritardo?
- Mmm . . . mi chiamo Dario.
- Mi dispiace.
- Come ti chiami?

GIOCHIAMO . . .

"SI CHIAMA . . ."

Each student is given an Italian name by the teacher. In many cases, this is very easy. e.g. Margaret — **Margherita,** Peter — **Pietro,** Josephine — **Giuseppina,** John — **Giovanni.**

Some names don't have a simple Italian equivalent, so the teacher may have to give a similar sounding name, e.g. Craig — **Corrado,** Faye — **Faina,** Bruce — **Brizio,** Gaye — **Gaetana.**

These names could be used for all Italian classes. The game involves students trying to remember the Italian names of other members of the class.

One student starts by pointing to another and saying **"Si chiama . . .".** The student who has been named then continues the game by pointing to another and saying **"Si chiama . . .".** No one is to be named twice. The game ends when all students have been named. The teacher will be able to think of some variations on this activity.

PAROLE NUOVE.

grazie	thank you	così così	not bad, so so
io	I	come stai?	how are you?
lui	he	stai bene?	are you well?
lei	she	sto bene	I'm well
martedì	Tuesday	sto male	I'm not well
molto	very	in tempo	on time
sì	yes	che miracolo!	what a miracle!
silenzio!	silence!		
tu	you		
ma	but		
oggi	today		
bravo!	good on you! good.		

Sei in ritardo!

Io???

AVANTI PARLIAMO!

How are you?

Alright.

A. Buongiorno Laura, come stai?   **Sto bene, grazie.**
Buongiorno Kevin, come stai?   Sto bene, ...
Buongiorno Faye, come stai?   . . . .
Buongiorno Angela, come stai?   . . . .
Buongiorno Giorgio, come stai?   . . . .
Buongiorno Dario, come stai?   . . . .

B. Ciao Laura, stai bene?   **Non sto bene, sto male.**
Ciao Kevin, stai bene?   Non sto bene, ...
Ciao Faye, stai bene?   Non . . . .
Ciao Angela, stai bene?   . . . .
Ciao Giorgio, stai bene?   . . . .
Ciao Dario, stai bene?   . . . .

Mi dispiace!!

Who are these people?

C. Dario.   **È Dario?**
Angela.   È . . . . . ?
Kevin.   . . . . ?
Laura.   . . . . ?
Faye.   . . . . ?
Giorgio.   . . . . ?

D. È Dario?   **Sì, è Dario.**
È Angela?   Sì, è . . . . . .
È Kevin?   Sì . . . .
È Laura?   . . . .
È Faye?   . . . .
È Giorgio?   . . . .

 **io**    **tu**    **lui**    **lei**

A. Write the correct pronoun shown in the drawings.

Modello:

_____io_____

1. _____   3. _____   6. _____

4. _____   7. _____

2. _____   5. _____   8. _____

Bene grazie   **Molto bene grazie**   **Sto male**   **Così così**

B. Write the answers these people would give.

Modello:

Come stai?
Molto bene grazie.

1. Come stai?
_____

2. Come stai?
_____

3. Come stai?
_____

4. Come stai?
_____

5. Come stai?
_____

6. Come stai?
_____

7. Come stai?
_____

C. Today everyone is late. Fill in the blanks.

Modello:

Dario _è in ritardo._

1. Kevin _____

2. Tu _____

3. Io _____

4. Lui _____

5. Angela _____

6. Giorgio _____

7. Lei _____

AVANTI SCRIVIAMO!

D. Find the following words and circle them.

stai	sono
sto	male
bene	grazie
no	come
chiami	lui
signora	si

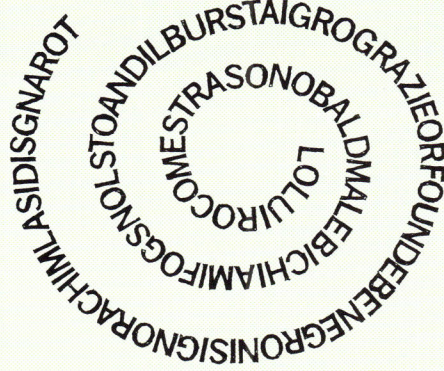

E. Do you recognize these people yet?

Modello:

È Dario? _Si, è Dario._   È Angela? _No, non è Angela._

1. È Kevin _____   4. È Giorgio? _____

2. È Laura? _____   5. È Dario? _____

3. È Faye? _____   6. È Angela? _____

F. Ti chiami _____

Grazie _____

Come stai? _____

Sto bene _____

Sto male _____

Signor Barbi _____

Do you remember these words?

CANZONE.

FRA MARTINO.

Fra Martino, campanaro,
Dormi tu? Dormi tu?
Suona la campana!
Suona la campana!
Din don dan.
Din don dan.

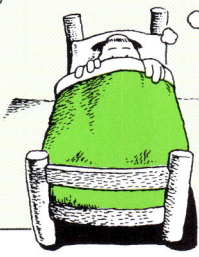

MERCOLEDÌ.

AVANTI ASCOLTIAMO!

To complete these exercises you must listen to Programmes 1 and 2 on ABC Radio.

A. What do you say when . . .

aaaaa   **eeeee**   **iiiii**   **ooooo**   **uuuuu**

B. When you hear . . .

You say . . toc toc toc   **mu mu**   **tic tac**   **bè bè**   **din don dan**   **cri cri**

C. Listen to the greeting these people give and circle the one you hear.

Modello:

Buongiorno	**Buonasera**	**Buonanotte**	**Ciao**	**Arrivederci**
1. Buongiorno	Buonasera	Buonanotte	Ciao	Arrivederci
2. Buongiorno	Buonasera	Buonanotte	Ciao	Arrivederci
3. Buongiorno	Buonasera	Buonanotte	Ciao	Arrivederci
4. Buongiorno	Buonasera	Buonanotte	Ciao	Arrivederci
5. Buongiorno	Buonasera	Buonanotte	Ciao	Arrivederci
6. Buongiorno	Buonasera	Buonanotte	Ciao	Arrivederci

D. How do these people feel? Listen as they tell you and circle the expressions you hear.

Modello:

Sto bene	**Sto molto bene**	**Così così**	**Sto male**
1. Sto bene	Sto molto bene	Così così	Sto male
2. Sto bene	Sto molto bene	Così così	Sto male
3. Sto bene	Sto molto bene	Così così	Sto male
4. Sto bene	Sto molto bene	Così così	Sto male
5. Sto bene	Sto molto bene	Così così	Sto male
6. Sto bene	Sto molto bene	Così così	Sto male

A. The following sentences are related to the drawings below.
Write each sentence in the appropriate bubble. (Hint: look at page 18).

- Mi dispiace,
  ma io non sono Andrea.
- Che miracolo!
- Molto bene grazie.
- Bravo Dario!
- Buongiorno Signora.
- Silenzio!
- Oggi sono in tempo.

Buongiorno eh, eh, Andrea.

Ah, sì, sì, Dario. Come stai?

Ah, sì Dario.
Sei sempre in ritardo.

Sì, Dario è in tempo.

B. Write the following sentences in the negative.

Modello:

Sono Dario.

Non sono Dario.

1. Mi dispiace.

2. Sono sempre in ritardo.

3. Sto male.

4. È Alfonso.

5. Sono in tempo.

A. Ciao, come ti chiami?

Laura **Ciao, mi chiamo Laura.**
Kevin Ciao, mi chiamo . . . .
Faye Ciao, ...
Angela . . . .
Giorgio . . . .
Dario . . . .

B. Laura è piccola? **Sì, è piccola.**
Faye è brava? . . .è brava.
Angela è bella? . . . . .bella.
Laura è contenta? . . . .
Angela è alta? . . . .
Faye è timida? . . . .

Are they really?

C. Giorgio è bugiardo? **Sì, è bugiardo.**
Dario è piccolo? . . . è piccolo.
Kevin è bravo? . . . . . .bravo.
Dario è timido? . . . .
Kevin è contento? . . . .
Giorgio è bello? . . . .
Hi hi hi.

D. Giorgio è simpatico. **Giorgio è simpatico?**
Laura è simpatica. Laura è . . . .?
Dario è piccolo. Dario . . . .?
Laura è piccola. . . . .?
Kevin è bravo. . . . .?
Faye è brava. . . . .?

Now ask the question.

E. Laura è intelligente. **Laura è intelligente?**
Kevin è intelligente. Kevin è . . . .?
Angela è forte. Angela. . . . .?
Giorgio è forte. . . . .?
Faye è grande. . . . .?
Dario è grande. . . . .?

F. Laura è bugiarda? **No, non è bugiarda.**
Kevin è bugiardo? **No, non è bugiardo.**
Faye è alta? . . . . è alta.
Dario è alto? . . . . .alto.
Giorgio è timido?. . . . .
Angela è timida?. . . . .
Dario è contento? . . . .
Angela è contenta?. . . . .

No they're not!

G. Kevin, sei contento?   Laura, **sei contenta?**
Faye, sei timida?   Dario, **sei timido?**
Angela, sei bugiarda?   Giorgio, sei . . . . ?
Angela, sei simpatica?   Kevin, sei . . . . ?
Dario, sei bravo?   Faye, sei . . . . ?
Faye, sei piccola?   Dario, sei. . . . . ?
Giorgio, sei alto?   Angela, sei . . . . ?
Angela, sei bella?   Kevin, sei . . . . ?
Laura, sei intelligente?   Kevin, sei . . . . ?
Giorgio, sei grande?   Laura, sei . . . . ?
Dario, sei intelligente?   Angela, sei . . . . ?

Should it end in **-o** or **-a** or **-e**?

H. Sei intelligente?   **Sì, sono intelligente.**
Sei triste?   Sì, sono. . . . .
Sei forte?   Sì, ...
Sei grande?   . . . .
Sei felice?   . . . .
Sei in ritardo?   . . . .

I'm all those things.

I. Sei bugiardo(a)?   **No, non sono bugiardo(a).**
Sei timido(a)?   No, non sono . . . .
Sei piccolo(a)?   No, ...
Sei modesto(a)?   . . . .
Sei bravo(a)?   . . . .
Sei grande?   . . . .
Sei forte?   . . . .

PAROLE NUOVE.

alto	tall
anche	also
bello	beautiful
brutto	ugly
bugiardo	liar
contento	happy
ed	and (used before a vowel)
felice	happy
forte	strong
grande	big
intelligente	intelligent
modesto	modest
piccolo	small
simpatico	likeable
timido	shy
triste	sad

PICCOLO?

AVANTI ASCOLTIAMO!

To complete these exercises you must listen to Programme 3 on ABC Radio.

A. When you hear . . .

You say . . .   **bau bau   miao miao   qua qua   io io   ue ue   ai ai   ciao ciao**

B. Listen to what these people say and circle the word you hear them use.

Modello:

(forte)   timido   contento   simpatico

1. bugiarda   intelligente   modesta   brava
2. brutta   timida   piccola   felice
3. in tempo   in ritardo   bello   contento
4. simpatico   intelligente   piccolo   bugiardo
5. modesta   in tempo   in ritardo   forte
6. grande   felice   forte   bella
7. bravo   grande   timido   simpatico
8. bugiardo   intelligente   felice   contento
9. contento   felice   modesto   forte

C. Now they will say two things about themselves or someone else. Circle them both.

Modello:

(bello)   brutto   (bravo)   bugiardo

1. in tempo   contento   piccolo   timido
2. brutta   timida   modesta   piccola
3. forte   simpatica   brava   grande
4. brutto   timido   bello   modesto
5. simpatica   piccola   bugiarda   felice
6. piccola   brutta   intelligente   in ritardo
7. grande   felice   forte   intelligente
8. simpatico   modesto   brutto   felice
9. in tempo   in ritardo   contento   bravo

D. And now . . . they say that someone is **not** something. Circle that word.

1. brutta   bella   brava   bugiarda
2. intelligente   felice   forte   grande
3. piccola   timida   grande   in ritardo
4. simpatico   forte   in tempo   in ritardo
5. modesta   timida   piccola   bella
6. bugiardo   intelligente   grande   bravo

A. What would these people say about themselves?

Modello:

Come ti chiami?

Mi chiamo Laura.
Sono piccola.
Sono contenta.

1. Come ti chiami?

2. Come ti chiami?

3. Come ti chiami?

4. Come ti chiami?

5. Come ti chiami?

AVANTI SCRIVIAMO!

B. Give the appropriate answer to each question after looking at the sketches on page 21.

Modello:

Giorgio è bravo?

No, non è bravo.

1. Laura è piccola?

_____

2. Angela è alta?

_____

3. Kevin è bugiardo?

_____

4. Kevin è intelligente?

_____

5. Dario è timido?

_____

C. Make the appropriate changes to each sentence.

Modello:

Io sono in ritardo.

Tu _sei in ritardo._

Lui _è in ritardo._

1. Io sono intelligente.

Tu _____

Lui _____

2. Io non sono bravo.

Tu _____

Lui _____

3. Io sono in tempo.

Tu _____

4. Io sono una ragazza.

Tu _____

Lei _____

5. Write about yourself, using words from **Parole Nuove.**

Mi chiamo _____

Io sono _____

e _____

e _____

D. Write what you think Francesca would be saying.

Luigi	Ciao! Come ti chiami?
Francesca	_____

Luigi	Come stai, Francesca?
Francesca	_____

Luigi	Sei contenta, oggi?
Francesca	_____

Francesca	_____
Luigi	Sì, sono contento oggi.

Luigi	Dario è in ritardo.
Francesca	_____

Ask someone to act it out with you.

AVANTI SCRIVIAMO!

E. Find the following words in this puzzle:
They may be written horizontally, vertically or diagonally.

buongiorno
dispiace
ti
mi
sei
io
sono
chiamo
sempre
come
in
non
tutti
signora

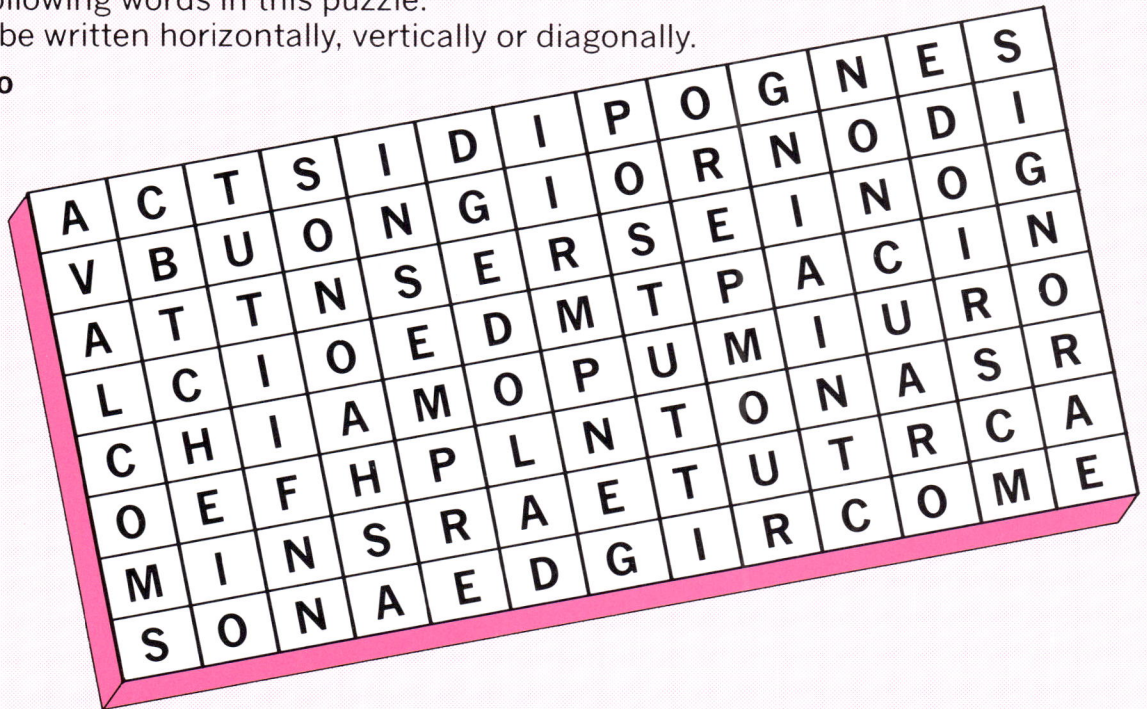

D	I	P	O	G	N	E	S	S
S	I	G	I	O	R	N	O	D	I
B	U	O	N	S	E	R	S	E	I	N	O	G
T	N	S	E	R	S	E	I	N	O	G	N
I	O	E	D	M	T	P	A	C	I	N	O
I	A	M	O	P	U	M	I	U	R	O
H	P	L	N	T	O	N	A	S	R
F	H	P	L	N	T	O	N	A	S	R
R	A	E	T	U	T	R	C	A
I	N	S	R	A	E	T	U	T	R	C	A
N	A	E	D	G	I	R	C	O	M	E
O	N	A	E	D	G	I	R	C	O	M	E

GIOCHIAMO . . .

SI CHIAMA?

A student writes another student's name on a piece of paper and gives it to the teacher. The object of the game is to guess the name written on the paper. The class receives clues by choosing words from the list opposite and asking questions like:

> **È piccolo?**
> **È alta?**
> **È sempre in ritardo?**

The student who knows the identity answers in sentences like:

> **Sì, è piccolo.**
> **No, non è alta.**
> **Sì, è sempre in ritardo.**
> **No, è sempre in tempo.**

A word picture of the person gradually builds up until someone guesses:

> **Si chiama** . . . .

The one who guesses correctly then writes another name and the game continues.

bello
bravo
brutto
bugiardo
contento
felice
forte
grande
in ritardo
intelligente
in tempo
modesto
piccolo
simpatico
timido

> È alto.
> È intelligente.
> È modesto.
> Sì chiama Ralph.

RALPH

HOW ITALIAN WORKS.

A.

sono	I am
sei	you are
è	he/she/it is

You use **sono** when you are talking about yourself (i.e. first person).
e.g. **Sono in ritardo.** I'm late.

You use **sei** when you are talking <u>to</u> someone (i.e. second person).
e.g. **Sei sempre in ritardo?**
    Are you always late?

You use **è** when you are talking <u>about</u> someone (i.e. third person).
e.g. **Dario è sempre in ritardo.**
    Dario is always late.

You also use **è** when talking about things.
È buongiorno o buonasera?
Is it good morning or good afternoon?

B. **Non** Not

The Italian way of changing a verb into the negative is to put **non** <u>in front</u> of it.
e.g. **Sono in ritardo.** I'm late.
    Non sono in ritardo. I'm not late.

C.

io	I
tu	you
lui	he
lei	she

In English we always use pronouns like <u>I, you, he</u> or <u>she</u> with verbs.
e.g. I am, he is.
In Italian you don't always have to use the pronouns.
e.g. **è**   he/she/it is
    lui è he is
    lei è she is

Italians don't use the word for <u>it</u> in cases like those above. So it's always just **è**.

D. **Asking questions.**

Asking questions in Italian is very easy. You don't change the words at all. If you are writing you just put a question mark at the end of a sentence. If you are talking you put the question mark in your voice, i.e. you change your tone of voice to make what you are saying sound like a question.
e.g. **Laura è bella.** Laura is beautiful.
    Laura è bella? Is Laura beautiful?

E.

Come ti chiami?	What's your name?
Mi chiamo . . .	My name is . . .
Ti chiami . . .	Your name is . . .
Si chiama . . .	His/her name is . . .

F.

Come stai?	How are you?
Sto bene.	I'm well.
Stai bene.	You're well.
Sta bene.	He/she is well.

G. **Adjectives.**

The most important thing to remember about Italian adjectives is that they match or agree with the people they describe. If a male is described then the masculine adjective is used. If a female is described the feminine form is used.
e.g. Giorgi**o** è alt**o** e fort**e**.
    Angel**a** è alt**a**; non è fort**e**.
Notice that some adjectives follow this pattern:
    masculine **-o**
    feminine **-a**
others follow this pattern:
    masculine **-e**
    feminine **-e**

ANDIAMO IN ITALIA.

Italy is on the other side of the world. To get there, a jet must make several stopovers in order to refuel. On the map is marked one of the routes from Sydney to Rome used by Italy's international airline **Alitalia**. The cities used for stopovers are also marked.

- Can you name them?
- The name **Alitalia** is made up of two Italian words. Can you find out what they are?

Imagine you are planning a trip to Italy. Here are some of the things that you would need to work out:

1. You want to arrive in the middle of the Italian summer. About what date will you leave Australia?

2. Can you really afford to go? Try to find out how much the trip will cost.

_____

3. How long will the trip take you? (Ask someone who has been there or ring a travel agent or airline)

_____

4. Which airline would you choose? Why?

_____

_____

_____

_____

ANDIAMO IN ITALIA.

5. What documents do you need before you leave? What do you have to do to get them?

_____

_____

6. You won't be using Australian dollars in Italy. What will you do about changing your money? How much is an Australian dollar worth in Italian money?

_____

_____

7. You have $600.00 to spend. How much is that in Italian money?

_____

_____

8. If your airline offered you an overnight stopover in a city between Australia and Italy, which would you choose? Why?

_____

_____

_____

9. You have to ring a friend in Italy to say when you are arriving. Your call is booked for 8.00 p.m. local time. At what time will the phone ring in Italy?

_____

10. Your airline offers you a package deal that allows you to visit five Italian cities. Where will you go? Why?

_____

_____

_____

11. You want to buy a good quality, typically Italian product as a present for someone at home. What will you buy? Where would you get it?

_____

_____

_____

_____

_____

PAROLE NUOVE.

apri!	open!	il maestro	the teacher (male)
l'armadio	the cupboard	la porta	the door
attenzione!	attention!	presto!	hurry up! quickly!
l'astuccio	the pencil-case	la ragazza	the girl
l'aula	the classroom	il ragazzo	the boy
il banco	the desk	ripetete!	repeat!
la carta	the paper	la scuola	the school
la cartella	the school bag	scusi	I beg your pardon
la cassata	a type of Italian ice-cream	la sedia	the chair
		stanco	tired
		subito	immediately

dov'è?	where is (it)?
mamma mia!	good grief!
mi dispiace molto	I'm very sorry
per favore	please

chiudi!	close!
la classe	the class
ecco	here is, here are
la finestra	the window
il gelato	the ice-cream
giovedì	Thursday
la lavagna	the blackboard
lì	there
il libro	the book
la maestra	the teacher (female)

uffa! No, it is not a swear word!

What English word would you use for **uffa?**

CANZONE.

Scuola Scuola
Siamo sempre là
Uffa Uffa
Proprio non mi va
Lavagna qui e banco là
Cartella lì e libro qua
Apri la finestra e scappiamo in città
Apri la finestra e scappiamo in città

A. . . . la porta   **Giorgio, apri la porta!**
. . . l'armadio   Giorgio, apri . . . . . !
. . . la finestra   . . . . !
. . . l'astuccio   . . . . !
. . . la cartella   . . . . !
. . . il libro   . . . . !

B. . . . il libro   **Giorgio, chiudi il libro!**
. . . la porta   Giorgio, chiudi . . . . . !
. . . l'armadio   . . . . !
. . . l'astuccio   . . . . !
. . . la cartella   . . . . !
. . . la finestra   . . . . !

Uffa! Sono stanco.

Let's keep Giorgio busy

I'm lost

Here it is!

C. . . . la scuola.   **Dov'è la scuola?**
. . . la ragazza.   Dov'è . . . . . . ?
. . . l'astuccio.   . . . . ?
. . Giorgio.   . . . . ?
. . . la Signora Casati.   . . . . ?
. . . il gelato.   . . . . ?
. . . la carta.   . . . . ?
. . . la cassata.   . . . . ?

Boh! Non lo so!

D. . . . la scuola   **Ecco la scuola!**
. . . l'armadio   Ecco . . . . . . !
. . . la ragazza   . . . . !
. . . il gelato   . . . . !
. . . la Signora Casati   . . . . !
. . . la carta   . . . . !
. . . la cassata   . . . . !
. . . l'astuccio   . . . . !

Ah, grazie!

E. Apri la porta!   **La porta Signora? Subito.**
Apri la finestra!   La finestra Signora? . . .
Apri l'armadio!   L'armadio . . . . . . ? . . .
Apri il banco!   . . . . ? . . .
Apri il libro!   . . . . ? . . .
Apri la cartella!   . . . . ? . . .

Uffa! Sono stanca.

F. Giorgio è forte?   **Sì, è molto forte.**
Faye è timida?   Sì, è molto . . . .
Dario è in ritardo?   Sì, è . . . .
Angela è bella?   Sì, ...
Kevin è intelligente?   . . . .
Faye è contenta?   . . . .
Dario è timido?   . . . .
Angela è stanca?   . . . .

Molto bene!

AVANTI PARLIAMO!

G. La porta Signora?   **Sì, presto, apri la porta!**

La finestra Signora?   Sì, presto, apri . . . . .!

L'armadio Signora?   Sì . . . .!

Il libro Signora?   . . . .!

La cartella Signora?   . . . .!

Bravo! Molto bravo!

H. La porta, per favore!   **Scusi? La porta?**

La carta per favore!   Scusi? La . . . .?

La finestra per favore!   Scusi? . . . . . .?

La cartella per favore!   . . . .? . . . . . .?

Il libro per favore!   . . . .? . . . . . .?

La sedia per favore!   . . . .? . . . . . .?

Mamma mia! Attenzione!

You be the boss.

PRIMO

L'AULA.

Label the things or people in this drawing . . . in Italian of course!

la finestra

A. Write in the last letter of these words.

Modello:

la port *a*   il libr *o*

1. la sedi __   4. la finestr __   7. il tavol __   10. l'armadi __
2. la cart __   5. la lavagn __   8. il ragazz __   11. il maestr __
3. la scuol __   6. la ragazz __   9. il banc __   12. il gelat __

B. Place the definite article (**il, l'** or **la**) in front of these words.

Modello:

la carta   3. _____ lavagna   6. _____ porta   9. _____ maestra

1. _____ ragazza   4. _____ aula   7. _____ armadio   10. _____ gelato
2. _____ banco   5. _____ ragazzo   8. _____ cartella   11. _____ astuccio

C. From **Parole Nuove** choose the words that you can use with **chiudi!** (shut!) or **apri!** (open!).

Modello:

Chiudi *la cartella !*

1. Chiudi _____ !   4. Apri_____ !
2. Chiudi _____ !   5. Apri_____ !
3. Chiudi _____ !   6. Apri_____ !

D. Unjumble these words:

Modello:

otarp   *porta*

1. seifarnt _____
2. nocab _____
3. toamsre _____
4. elgota _____
5. agazraz _____
6. bostiu _____
7. ovotal _____
8. nagalva _____

This is really hard.

Why don't you look at Parole Nuove?

PAROLE NUOVE

AVANTI SCRIVIAMO!

E. Answer these questions using **molto**. You are answering that each person is **very** shy, strong etc.

Modello:
Faye è timida?   _Sì, è molto timida._

1. Laura è bella? _____

2. Kevin è stanco? _____

3. Angela è contenta? _____

4. Dario è simpatico? _____

5. Giorgio è bugiardo? _____

6. Dario è intelligente? _____

F. In this exercise you have to write the adjective suggested by the drawing, adding **molto** in each case.

  bella

stanco   **contenta**   **bella**   **intelligente**   **forte**   **piccolo**   **in ritardo**   **timida**

Modello:
Giorgio è   _Giorgio è molto forte._

1. Fra Martino è _____

2. Laura è _____

3. Kevin è _____

4. Angela è _____

5. Dario è _____

6. Laura è _____

7. Faye è _____

AVANTI SCRIVIAMO!

G. The following sentences are related to the drawings below.
Write each sentence in the appropriate bubble (Hint: look at page 31).

- Ah, Giorgio, oggi tu sei in ritardo.
- Apri la finestra!
- Uffa! Sono stanco. Molto stanco.
- Buongiorno a tutti.
- Non mi chiamo Cassata. Non sono un gelato.
- La carta Signora? Dov'è?

AVANTI SCRIVIAMO!

H. Use the clues to fill in the answers in the spaces. When you have done this you will find in the vertical column the name of a tiny independent state found in Italy.

1. Sit on it.
2. Don't write on it with a pen.
3. Desk.
4. Hide in it if you haven't done your homework!
5. You're probably there right now.
6. It travels with you daily.
7. It has a pane.
8. Toc toc toc.
9. The best place in the world.

Now that you know the name of this state, see if you can find it on a map of Italy. Someone may even try to find out some more about it in an encyclopedia.

GIOCHIAMO . . .

CHI È?   CHE COS'È?

Chi è? means <u>Who is it?</u>
Che cos'è? means <u>What is it?</u>

The class is divided into two teams. One student points to someone or something in the classroom and asks an opposing team member either **Chi è?** or **Che cos'è?** Points are lost by asking questions incorrectly. Points are won by giving correct answers. Poor pronunciation should be penalised.

e.g. **Chi è?** È Brizio.
   Che cos'è? È la matita.

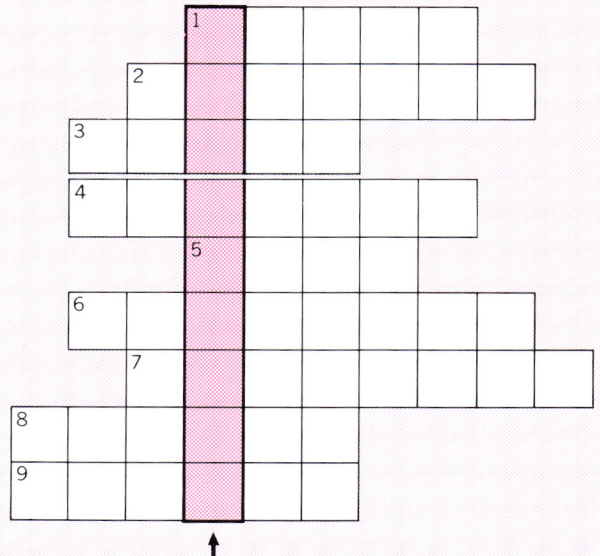

aaaaa

eeeee

iiiii

ooooo

uuuuu

Practise reading and saying
a e i o u !

Be bi bo
vado allo zoo
bim bum bam
vado con il tram
su si se
non lo so dov'è.

AVANTI ASCOLTIAMO!

To complete these exercises you must listen to Programme 4 on ABC Radio.

A. Che cos'è?

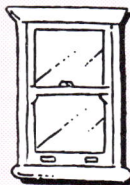

È la porta.   È la carta.   È l'armadio.   È la finestra.   È la ragazza.   È la lavagna.

Now listen to the sounds in a different order and say what's making the noise!

B.

Come on. Practise your R R R R R. You say the words too!

arrivederci
buongiorno
signore
grazie
martedì
forte
grande

C. Listen to these people telling us to open or close something.
Circle the two words you hear.

Modello:

Apri	Chiudi	il libro	l'armadio	la cartella	il cassetto	la finestra	la porta
1. Apri	Chiudi	il libro	l'armadio	la cartella	il cassetto	la finestra	la porta
2. Apri	Chiudi	il libro	l'armadio	la cartella	il cassetto	la finestra	la porta
3. Apri	Chiudi	il libro	l'armadio	la cartella	il cassetto	la finestra	la porta
4. Apri	Chiudi	il libro	l'armadio	la cartella	il cassetto	la finestra	la porta
5. Apri	Chiudi	il libro	l'armadio	la cartella	il cassetto	la finestra	la porta
6. Apri	Chiudi	il libro	l'armadio	la cartella	il cassetto	la finestra	la porta

D. Guess who these people are! You hear a sound and then say who's making it.

Chi è questo?	È il ragazzo.
Chi è questo?	È il bambino.
Chi è questa?	È la ragazza.
Chi è questo?	È il maestro.
Chi è questa?	È la maestra.
Chi è questo?	È l'asino.

Come on, now it's your turn. You'll hear them in a different order.

CAPITOLO CINQUE.
VENERDÌ MATTINA.

CANZONE.

NELLA VECCHIA FATTORIA.

Nella vecchia fattoria ia ia ooo
Gli animali son contenti ia ia ooo
C'è la capra   bè
      capra   bè
      ca
      ca
      capra   bè
Nella vecchia fattoria ia ia ooo

Gli animali son contenti ia ia ooo
E la mucca è grande grande ia ia ooo
Sì la mucca   mu
      mucca   mu
      mu
      mu
      mucca   mu
C'è la capra   bè
      capra   bè
      ca
      ca
      capra   bè
Nella vecchia fattoria ia ia ooo

Gli animali son contenti ia ia ooo
E il maiale è grasso grasso ia ia ooo
Sì il maiale   oinc
      maiale   oinc
      ma
      ma
      maiale   oinc
      mucca   mu
      capra   bè
      ca
      ca
      capra   bè
Nella vecchia fattoria ia ia ooo

Gli animali son contenti ia ia ooo
E il gatto è nero nero ia ia ooo
Sì il gatto   miao
      gatto   miao
      ga
      ga
      gatto   miao
   il maiale   oinc

mucca   mu
capra   bè
capra   bè
ca
ca
capra   bè
Nella vecchia fattoria ia ia ooo

Gli animali son contenti ia ia ooo
E c'è l'oca bianca bianca ia ia ooo
Sì c'è l'oca   qua
        oca   qua
        o
        o
        oca   qua
C'è il gatto   miao
      maiale   oinc
      mucca   mu
      capra   bè
      capra   bè
      ca
      ca
      capra   bè
Nella vecchia fattoria ia ia ooo

Gli animali son contenti ia ia ooo
E anche il cane è contento ia ia ooo
Sì il cane   bau
      cane   bau
      ca
      ca
      cane   bau
Poi c'è l'oca   qua
      gatto   miao
      maiale   oinc
      mucca   mu
      capra   bè
      capra   bè
      ca
      ca
      capra   bè
Nella vecchia fattoria ia ia ooo
Nella vecchia fattoria ia ia ooo

PAROLE NUOVE.

basso	short
il gesso	the chalk
la gomma	the rubber
ha	(he/she) has
hai	you have
ho	I have
la matita	the pencil
la mattina	the morning
la penna	the pen
il quaderno	the exercise book
la riga	the ruler
stupido	stupid
un	a, an
venerdì	Friday
basta!	that's enough!
dammi!	give me!
non lo so!	I don't know!

SUONI NUOVI

Practise reading and saying

uo   au   iao   ua   ue   ai   io

Il gatto fa miao miao
non dice mai bau bau
ue ue fa il bebè
e sempre fa ue ue
io io io
ecco l'asino
qua qua vuol dire ciao
per l'oca, non miao!

AVANTI PARLIAMO!

A. il libro   **Ho il libro.**
la penna   Ho . . . . . .
l'astuccio   . . . .
la riga   . . . .
la matita   . . . .
la cartella   . . . .

Look what I've got!

B. Hai la gomma?   **Sì, ho la gomma.**
Hai il quaderno?   Sì, ho . . . .
Hai la matita?   Sì, ...
Hai la sedia?   . . . .
Hai il gesso?   . . . .
Hai la penna?   . . . .

C. . . . gomma   **Dario ha la gomma.**
. . . carta   Dario ha . . . .
. . . matita   . . . .
. . . gesso   . . . .
. . . banco   . . . .
. . . quaderno   . . . .

Ask me if I have it.

D. . . . il libro.   **Hai il libro?**
. . . l'astuccio.   Hai . . . . ?
. . . la riga.   . . . . ?
. . . la penna.   . . . . ?
. . . la cartella.   . . . . ?
. . . la matita.   . . . . ?

E. Dammi la penna!   **Non ho la penna.**   **F.** Dov'è la porta?   **Ecco la porta!**
Dammi la riga!   Non ho . . . .   Dov'è l'armadio?   Ecco . . . . !
Dammi il gesso!   Non . . . .   Dov'è il banco?   . . . . !
Dammi la carta!   . . . .   Dov'è la finestra?   . . . . !
Dammi il quaderno!   . . . .   Dov'è il gesso?   . . . . !
Dammi la matita!   . . . .   Dov'è il maestro?   . . . . !
Va bene, va bene. Ecco la matita!

G. Laura ha il libro.   **Subito, dammi il libro, Laura!**
Giorgio ha la gomma.   Subito, dammi la gomma . . !
Faye ha il gesso.   Subito, dammi . . . . !
Angela ha la carta.   Subito, ... !
Kevin ha l'astuccio.   Subito, ... !
Dario ha la cartella.   Subito, ... !

> Give it to me.

H. Sei stupido, Dario?   **No, non sono stupido.**
Sei bugiardo, Kevin?   No, non sono . . . .
Sei stanca, Laura?   No, ...
Sei basso, Giorgio?   . . . .
Sei intelligente, Angela?   . . . .
Sei brava, Faye?   . . . .
Sei bella, Angela?   . . . .
Sei un asino, Giorgio?   . . . .

> No I'm not.

AVANTI SCRIVIAMO!

A. Place the definite article in front of the following:

Modello:

___la___ carta.

1. _____ riga.   4. _____ matita.   7. _____ quaderno.

2. _____ gomma.   5. _____ astuccio.   8. _____ scuola.

3. _____ libro.   6. _____ penna.   9. _____ mattina.

B. Unjumble these sentences:

1. asino non un sono._____

2. ha libro Giorgio il._____

3. riga ho la non._____

4. l' tu astuccio hai._____

5. Faye penna è la dov'?_____

AVANTI SCRIVIAMO!

C. Label the following drawings. Don't forget the definite article, **'il'**, **'la'** or **l'**.

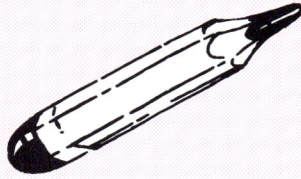

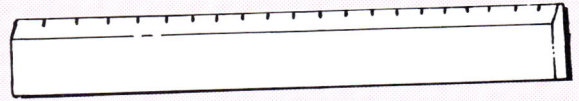

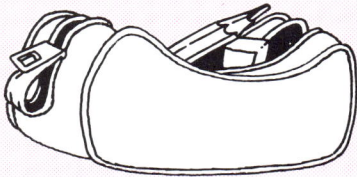

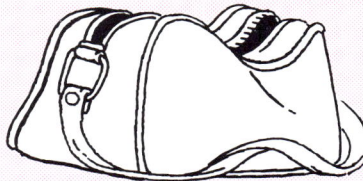

_____

_____

_____

_____

_____

_____

_____

_____

_____

_____

D. What do you think of Giorgio?
Answer yes or no to the following questions about Giorgio.

Modello:

Giorgio è bugiardo? _Sì, è bugiardo._

Giorgio è basso? _No, non è basso._

1. Giorgio è bravo? _____

2. Giorgio è stanco? _____

3. Giorgio è contento? _____

4. Giorgio è timido? _____

5. Giorgio è simpatico? _____

6. Giorgio è bello? _____

AVANTI SCRIVIAMO!

E. Fill in the spaces below using one of the following: **sono, sei, è.**

Modello:

Dario __è__ in ritardo.

1. Giorgio _____ stupido.
2. Tu _____ intelligente.
3. Maria _____ brava.
4. Io _____ in ritardo.
5. Lei _____ stanca.
6. Lui _____ basso.

7. Roberto _____ brutto.
8. Angela _____ alta.
9. Io _____ forte.
10. Tu _____ contento.
11. Io _____ intelligente.
12. Lei _____ bassa.

Do you remember these?

io   tu

lui   lei

F. Do you remember these words and expressions? Write the English meaning.

1. Il gesso _____
2. Mi dispiace _____
3. Ecco! _____
4. Apri! _____
5. Dov'è? _____
6. Presto _____

7. Ripetete! _____
8. La cassata _____
9. Scusi _____
10. Chiudi! _____
11. Lì _____
12. Sono stanco _____

G. Many objects appear in both drawings. Name, in Italian, the six objects that appear only once.

1. _____
2. _____
3. _____

4. _____
5. _____
6. _____

AVANTI SCRIVIAMO!

H. Look carefully at the drawings to see where the animals are:

nella foresta	in the forest
nella casa	in the house
nello zoo	in the zoo
nel circo	in the circus
nella fattoria	in the farmyard

LA FORESTA

LO ZOO

LA FATTORIA

IL CIRCO

LA CASA

AVANTI SCRIVIAMO!

H. (continued).
Write where the animals are by completing these sentences. (The numbers next to the drawings of the animals on the previous page correspond to their Italian names which are listed below).

1. l'asino
2. il cane
3. il canguro
4. la capra
5. il cavallo
6. il coniglio
7. l'elefante
8. l'emù
9. la gallina
10. il gallo
11. il gatto
12. la giraffa
13. il koala
14. il leone
15. il maiale
16. la mucca
17. l'oca
18. la pecora
19. la tigre
20. l'uccello
21. la zebra

Modello:
Nella foresta c'è ___la tigre___

e c'è ___il coniglio.___

1. Nella casa c'è _____

c'è _____

e c'è _____

2. Nello zoo _____

_____

e c'è _____

3. Nel circo _____

_____

_____

4. Nella fattoria _____

_____

_____

I. Eight of the animals in the drawing have Italian and English names which are very similar. The first one is given. You find the rest.

Modello:
___canguro___

1. _____
2. _____
3. _____
4. _____
5. _____
6. _____
7. _____

LO SAI CHE...

If you are thinking of going to school in Italy, we have some good news and some bad news.

You will only have to attend school in the mornings . . . but your half day at school will be a pretty solid one, probably made up of five hour-long classes, and only a very short break.

You will have to go to school six days a week. And you will probably find that you will get a lot more homework than you are used to — something to help you fill your afternoons.

You will get almost three months' holidays during the Northern summer months . . . But only a short break over the Christmas and Easter period.

At primary school there is no uniform . . . But there is a sort of smock (like the art smock you used to wear), which must be worn over other clothes. The **grembiule**, as it is called in Italian, has a big white collar and a lovely big bow that ties at the front.

LO SAI CHE...

Liceo means High School. The students have just ridden to school on their motor-scooters. In Italy you only have to be 14 years old to ride a motor-bike.

Do secondary school students wear a uniform?

No, they do not.

... And here is a page from an Italian **quaderno**. Look carefully at the writing and especially the numbers one and seven!

Gee! they look different.

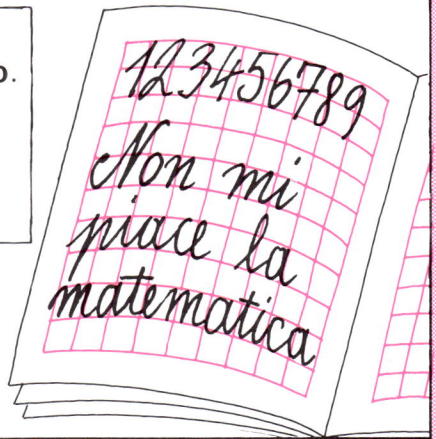

123456789
Non mi piace la matematica

What about the Italian alphabet?

a b c d
e f g h i
l m n o
p q r s t
u v z

Hey, what about **j k w x y**?

They are only used in words borrowed from other languages. One example is **il weekend**.

CAPITOLO SEI.
VENERDÌ POMERIGGIO.

Domani è sabato.

Sì, il weekend. Sabato e domenica.

Silenzio, Dario, e attenzione! Apri il libro e leggi!

Che pagina? Due? Tre? O pagina quattro?

Avanti, Dario. Presto! È pagina cinque.

No, sei. No, no, è sette. Otto. Nove.

Dario, è dieci!

È pagina dieci, Signora?

No, no, no. È pagina cinque.

Sì Dario, è pagina cinque.

Mi dispiace, Dario.

Attenzione! Silenzio! Dario, apri il libro a pagina cinque, e leggi!

Il canguro è un animale australiano. È simpatico ma timido. C'è anche il koala, c'è l'emù . . .

DIN DIN DIN

Basta Dario, basta.

Sì Signora **Canguro**.

Dario!

Oh, scusi Signora **Cassata**.

Darioooo.

Oh, mi dispiace, signora CASATI.

Hi hi hi

Va bene, arrivederci a tutti.

Uffa!

Arrivederci Signora Casati —

Canguro —

Koala.

PAROLE NUOVE

a	to, at	uno	1
l'animale	the animal	due	2
australiano	Australian	tre	3
la campana	the bell	quattro	4
che	what	cinque	5
domani	tomorrow	sei	6
fa	equals, makes	sette	7
leggi!	read!	otto	8
marzo	March	nove	9
la pagina	the page	dieci	10
più	plus, more		
pomeriggio	afternoon	lunedì	Monday
triste	sad	martedì	Tuesday
il weekend	the weekend	mercoledì	Wednesday
		giovedì	Thursday
a lunedì!	see you Monday!	venerdì	Friday
va bene	alright, O.K.	sabato	Saturday
		domenica	Sunday

AVANTI PARLIAMO!

Hey! What page are we up to?

A.

È pagina uno.
È pagina due.
È pagina tre.
È pagina quattro.
È pagina cinque.
È pagina sei.
È pagina sette.
È pagina otto.
È pagina nove.
È pagina dieci.

Ma che pagina è? Che pagina è?

È pagina uno, signora?
È pagina due, ... ?
È pagina . . . . ?
. . . . ?
. . . . ?
. . . . ?
. . . . ?
. . . . ?
. . . . ?
. . . . ?

Say these sums in Italian.

B.

1	+	1	**1**	**+**	**1**	**=**	**2**
uno	più	uno	**uno**	**più**	**uno**	**fa**	**due**
2	+	1	**2**	**+**	**1**	**=**	**3**
due	più	uno	**due**	**più**	**uno**	**fa**	**tre**

5	+	3	cinque più tre fa . . . .
9	+	1	nove più uno . . . .
8	+	1	. . . .
6	+	4	. . . .
2	+	2	. . . .

AVANTI SCRIVIAMO!

What day is it?

C. Lunedì   **Oggi è lunedì.**
Martedì   Oggi è . . . .
Mercoledì . . . .
Giovedì   . . . .
Venerdì   . . . .
Sabato   . . . .
Domenica   . . . .
Che settimana lunga!

D. Oggi è martedì, e domani?   **Domani è mercoledì.**
Oggi è sabato, e domani?   Domani è . . . .
Oggi è lunedì, e domani?   . . . .
Oggi è mercoledì, e domani?   . . . .
Oggi è domenica, e domani?   . . . .
Oggi è venerdì, e domani?   . . . .

E. Hai la carta?   **No, non ho la carta.**
Hai l'astuccio?   No, non ho . . . .
Hai il gesso?   No, ...
Hai il libro?   . . . .
Hai la matita?   . . . .
Hai l'asino?   *Sì, ho l'asino. Ecco Giorgio!*

Parli italiano?
Sì, un po'!

F. Sei brutto!   **Io non sono brutto, Pietro è brutto.**
Sei forte!   Io non sono forte, Pietro è . . . .
Sei alto!   Io non sono . . . ., Pietro . . . .
Sei bugiardo!   . . . ., Pietro . . . .
Sei triste!   . . . ., Pietro . . . .
Sei stanco!   . . . ., Pietro . . . .

G. Sono bella!   **Tu non sei bella, Verena è bella.**
Sono triste!   Tu non sei triste, Verena . . . .
Sono modesta!   Tu non . . . ., Verena . . . .
Sono piccola!   . . . ., Verena . . . .
Sono simpatica! . . . ., Verena . . . .
Sono intelligente! . . . ., Verena . . . .

FAIR DINKUM

SUONI NUOVI

Practise reading **chi** and **ci**.

Mi **chi**amo Ciccio Pasticcio. Ciao.

Chicchirichi?

Di che paese sei? Sei **ci**nese di Pe**chi**no?

Chicchirichi?

Non sei un pul**ci**no. Il pulcino fa cip cip.

Sono un gallo, Ciccio Pasticcio e non parlo, dico solo chicchirichi!

AVANTI ASCOLTIAMO!

To complete these exercises you must listen to Programme 6 on ABC Radio.

A. Listen for the day that is mentioned and circle the one you hear.

Modello:

lunedì	**martedì**	**mercoledì**	**giovedì**	**venerdì**	**sabato**	**domenica**
1. lunedì	martedì	mercoledì	giovedì	venerdì	sabato	domenica
2. lunedì	martedì	mercoledì	giovedì	venerdì	sabato	domenica
3. lunedì	martedì	mercoledì	giovedì	venerdì	sabato	domenica
4. lunedì	martedì	mercoledì	giovedì	venerdì	sabato	domenica
5. lunedì	martedì	mercoledì	giovedì	venerdì	sabato	domenica
6. lunedì	martedì	mercoledì	giovedì	venerdì	sabato	domenica

B. Now iisten to these sounds and guess which animal is making them. Circle the one you think is right.

Modello:

asino	**gatto**	**oca**	**cane**	**capra**	**mucca**	**maiale**
1. asino	gatto	oca	cane	capra	mucca	maiale
2. asino	gatto	oca	cane	capra	mucca	maiale
3. asino	gatto	oca	cane	capra	mucca	maiale
4. asino	gatto	oca	cane	capra	mucca	maiale
5. asino	gatto	oca	cane	capra	mucca	maiale
6. asino	gatto	oca	cane	capra	mucca	maiale

C. Listen to the number of animals that people say they have and write the number in Italian. (In words of course!)

Modello:

    2

1. _____   6. _____

2. _____   7. _____

3. _____   8. _____

4. _____   9. _____

5. _____   10. _____

D. Listen to these noises and circle the object you think is making the noise.

Modello:

porta	gomma	penna	libro

1. finestra   cassetto   matita   penna
2. sedia   ragazzo   ragazza   asino
3. quaderno   cartella   armadio   penna
4. porta   quaderno   gesso   sedia
5. sedia   porta   penna   gomma
6. sedia   finestra   ragazzo   matita
7. cassetto   armadio   carta   libro
8. ragazza   ragazzo   asino   gesso

AVANTI SCRIVIAMO!

SAT SUN MON TUE WED THU FRI
1 2 3 4 5 6 7
8 9 10 11 12 13 14
15 16 17 18 19 20 21
22 23 24 25 26 27 28
29 30 31

A. Look at the picture of the calendar and fill in the spaces with the days of the week.

Modello:

Oggi è il 2 marzo.   È _domenica._

1. Oggi è il 9 marzo.   È _____.
2. Oggi è il 5 marzo.   È _____.
3. Oggi è il 4 marzo.   È _____.
4. Oggi è il 6 marzo.   È _____.
5. Oggi è il 3 marzo.   È _____.
6. Oggi è il 10 marzo.   È _____.
7. Oggi è il 2 marzo.   È _____.
8. Oggi è il 7 marzo.   È _____.
9. Oggi è il l' 8 marzo.   È _____.

AVANTI SCRIVIAMO!

B. contento   timido   simpatico   alto   stanco   stupido   grande   triste   forte   intelligente
Complete the following sentences by choosing an adjective from the list above.
Remember, adjectives ending in **-o** are masculine and change to **-a** for the
feminine nouns (e.g. **Dario** è timid**o**. **Faye** è timid**a**) while adjectives ending in **-e**
do not vary (e.g. **Kevin** è intelligent**e**. **Laura** è intelligent**e**).

1. Faye è _____ non è _____.

2. Dario è _____.

3. Giorgio è _____.

4. La signora Casati è _____.

5. Angela è _____.

6. Giorgio è _____.

7. Kevin non è _____, è _____.

8. Laura è _____, non è _____.

C. Write the Italian way of saying the following:

1. I don't know. _____

2. Tomorrow is Sunday. _____

3. Give me the book! _____

4. Giorgio is tired. _____

5. I'm sorry, I don't have the ruler. _____

6. Open the book! _____

7. Is it page five? _____

8. Shut the window. _____

AVANTI SCRIVIAMO!

D. Write in **ho**, **hai**, or **ha** in each space below.

Modello:

Io _ho_ la matita

1. Dario _____ il libro
2. Tu _____ la gomma
3. Laura _____ la riga
4. Io _____ l'astuccio
5. Tu _____ il gelato
6. Lui _____ la cassata

E. Re-read the three comic strips on pages 31, 40 and 50, and fill in the gaps.

1. Buongiorno _____ tutti.   Buongiorno _____ Casati.

   Buongiorno Signora _____.

   Non _____ chiamo Signora Cassata, non _____ un gelato.

2. La porta Giorgio, _____ la porta!   Ah sì _____.

   La finestra Giorgio, _____ finestra!   Scusi?

3. Presto, Giorgio, _____.   Ma Signora?   _____ Giorgio?

   Uffa! Sono _____. _____ stanco.

4. Dov'è _____ libro, Faye?   Non _____ so, non _____ so. Non _____ il libro. Ho _____ penna,

   ho l'astuccio, ho _____ riga, _____ la gomma, _____ il quaderno e _____ matita.

5. Ecco il libro, Giorgio _____ il libro.   Ah, tu _____ il libro, bugiardo. _____ il libro!

   Mi _____ Laura. Giorgio _____ bugiardo.

6. Silenzio, Dario, e _____! Apri il _____ e _____! Che pagina?

CRUCIVERBA.

Orizzontali

1. window
5. but
6. the (m)
8. has
10. paper
11. book
13. boy
14. no (in reverse)

Verticali

2. you are
3. ruler
4. late: in _____
5. pencil
7. the (feminine)
9. door
12. come stai?
    _____ bene.

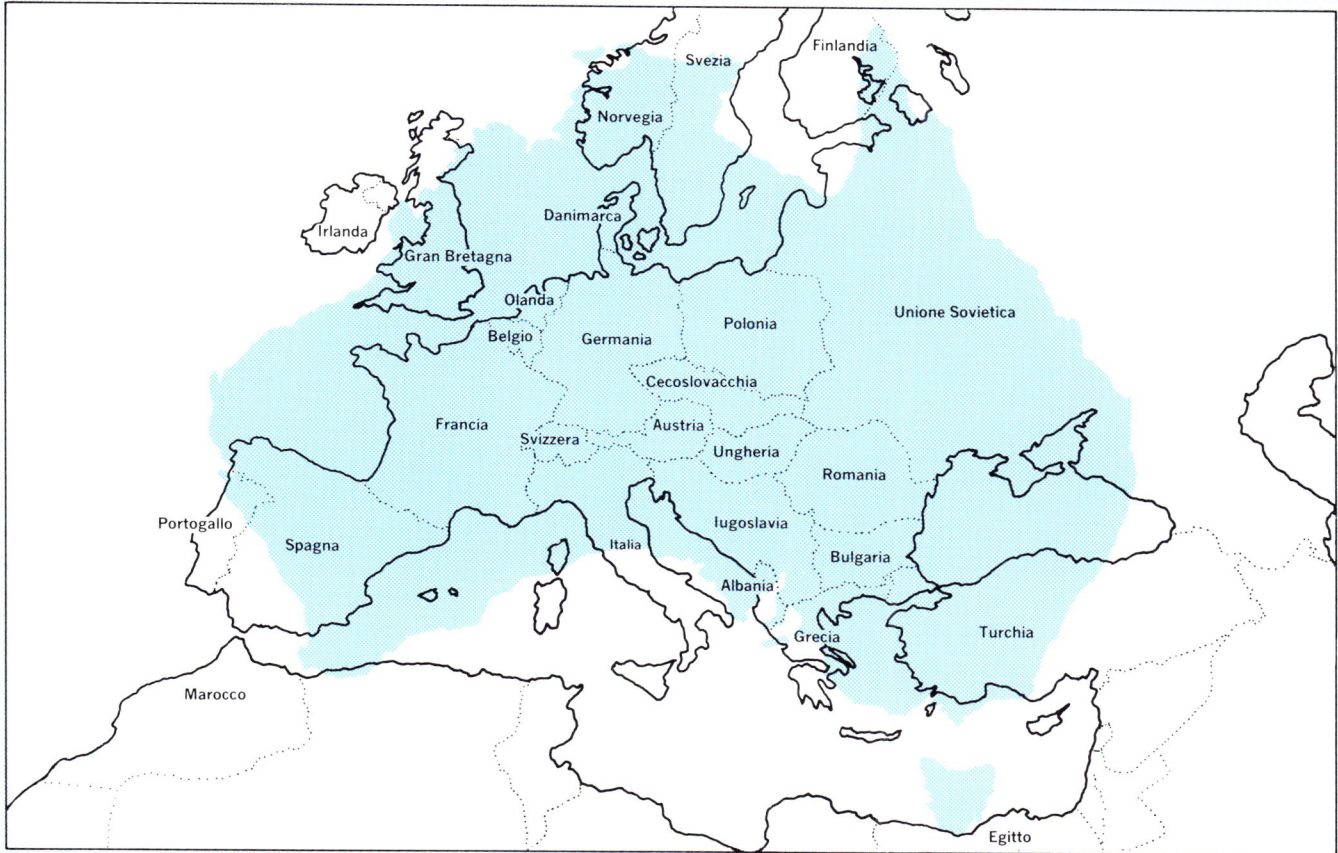

Italy is a part of Western Europe. It is a European country. Europe, like Australia, is a continent, but, unlike the Australian continent, it is made up of many different countries.

Now look at the size of the map of Australia which has been placed over the map of Europe. It is a big country! A trip overland from Sydney to Melbourne to Perth would be roughly the same distance as a trip from Greece to Spain overland. But on the Australian trip you never leave the one country. When you get to Perth you can speak the same language you were speaking back East. Your trip from **Grecia** to **Spagna** could take you through **Iugoslavia, Austria, Svizzera** and **Francia**. Each country has its own language and its own way of life. In fact, some of the countries mentioned have more than one language.

See what you can find out about this.

Below are the Italian names for some of the European countries marked on the map. Next to each one write the English equivalent.

Gran Bretagna _____

Francia _____

Svizzera _____

Austria _____

Iugoslavia _____

Spagna _____

Grecia _____

Germania _____

Portogallo _____

Belgio _____

L'EUROPA E L'AUSTRALIA.

Complete the following table. You may have to ask people who come from these countries.

	Italia	Gran Bretagna	Grecia	Francia
Language				
How do you say 'Hello'?				
Christian names				Jean-Paul Pierre
Favourite sport				
National Anthem		God Save the Queen.		
Popular songs	Avanti.?			
Popular foods				
Currency				
Capital City			Athens	
Draw the flag				

Spagna	Svizzera	Germania	Australia	Choose any other country
			G'day, how are ya?	
Soccer, bullfighting				
			Waltzing Matilda.	
		Sauerkraut		
	Francs			

ITALIA – AUSTRALIA.

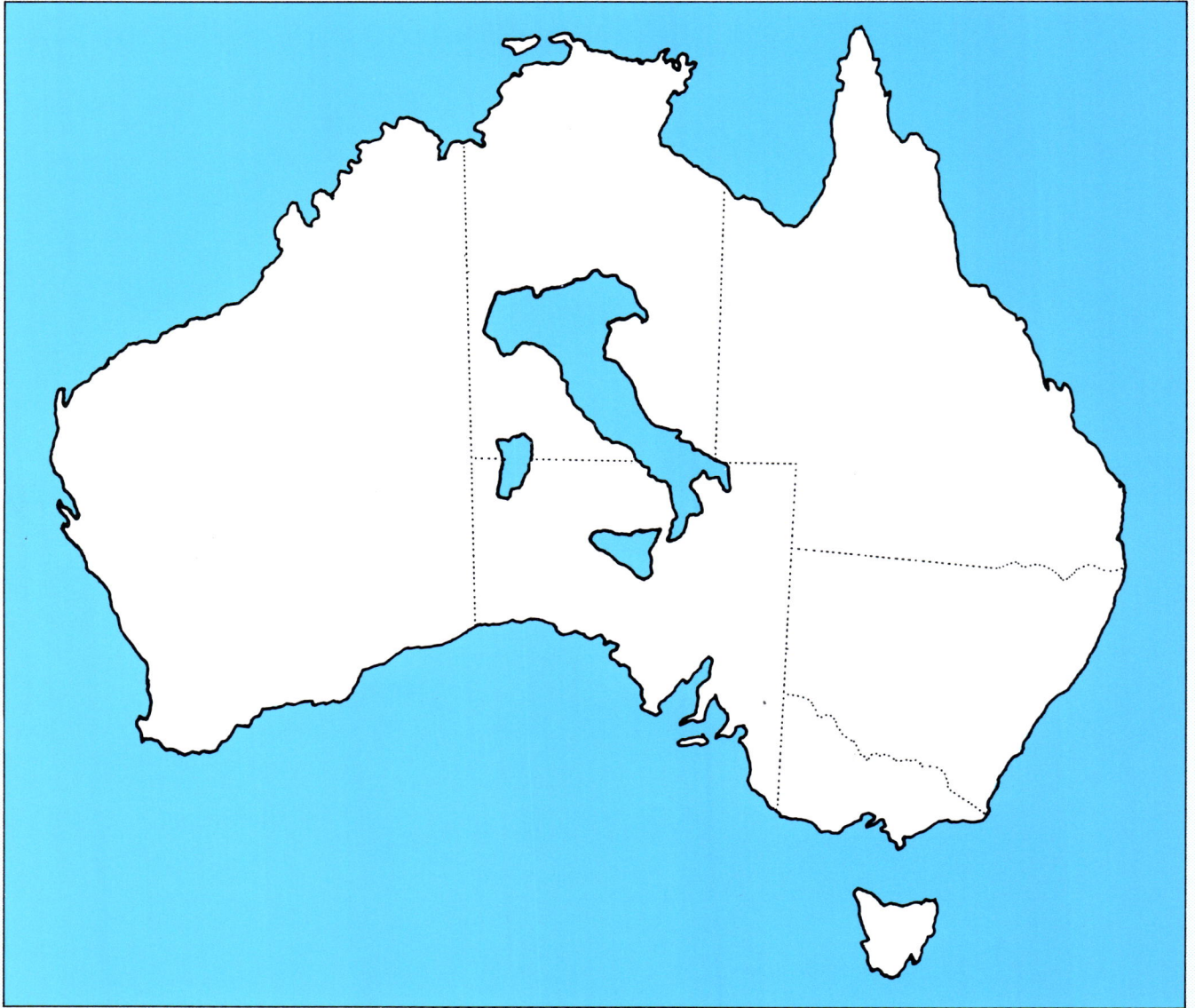

Australia is obviously much bigger than Italy. Would you believe 25½ times bigger??!! In fact, Italy is not all that much bigger than Victoria, and yet it is a country with a language and a way of life quite different from the countries around it. Like Australia, Italy is divided into states. Italy calls them **regioni** (regions) and there are twenty of them, each with its own capital city.

Italy has nearly 60 million people, Australia has about 15 million. So, 25½ times smaller, but four times as many people!

It must be a bit crowded in Italy. Do they have any countryside, any parks, any other open spaces?

Of course they do. Why don't you find some pictures of Italy and show them in class?

L'ITALIA E L'AUSTRALIA.

The map of Italy has some of the main cities marked in with their Italian names. **What do we call these cities in English?**
On this map, 1 centimetre = 100 kilometres.
Get a ruler and see if you can work out answers to the following questions:

A. How far is it from:

1. **Roma** to **Napoli?** _____

2. **Milano** to **Firenze?** _____

3. **Venezia** to **Napoli?** _____

4. **Palermo** to **Milano?** _____

For the exercises in this section, we are only trying to get a rough idea. Do not start arguing about too much detail!

B. Now, imagine that you are travelling along an Italian **autostrada**, which is a freeway connecting the big cities. If you are driving your **Lancia**, or **Alfa Romeo**, you should be able to travel at 100 km an hour. **About how long would the above trips take you?**

1. _____

2. _____

3. _____

4. _____

C. Now, find a map of your own state which gives you an idea of distances between cities. **Then find some car trips that would be like the ones we have been looking at in Italy.**
e.g. Going from **Roma** to **Firenze** would be (roughly) like going from Melbourne to Warrnambool, or from Sydney to Canberra.
One last question:
How wide is Italy at the knee?

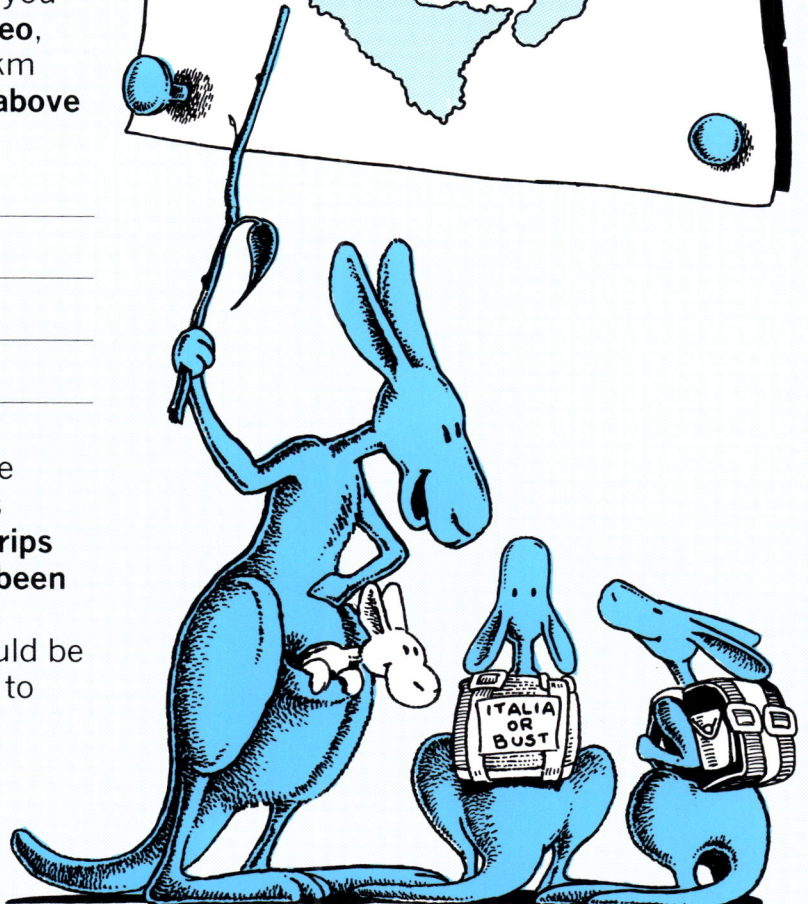

HOW ITALIAN WORKS.

A. The Italian noun.

Italian nouns belong to one of two groups. They are either *masculine* or *feminine*.

Nearly all nouns ending in **-o** are masculine. e.g. **libro, astuccio, gelato**

Most nouns ending in **-a** are feminine. e.g. **matita, penna, riga**

There is also a large group of nouns ending in **-e**. These may be either masculine or feminine.

e.g. **limone** (lemon) is masculine
     classe (class) is feminine

B.

ho	I have
hai	you have
ha	he/she/it has

C. The days of the week.

lunedì, martedì, mercoledì, giovedì, venerdì, sabato, domenica

Note: in Italian the days of the week are not written with a capital letter (unless they begin a sentence).

D. The definite article — the.

In English we have only one *definite article* — the word the. In Italian **il** is used with masculine singular words and **la** is used with the feminine singular ones.

e.g. **il libro** the book
    il limone the lemon
    la matita the pencil
    la classe the class

If the Italian word starts with a vowel, then **l'** is used whether the word is masculine singular or feminine singular.

e.g. **l'astuccio** the pencil case
    l'aula the classroom

E. Molto.

When **molto** is before an adjective it means **very**.

e.g. **Sono molto stanco.** I'm very tired.

When **molto** means **very** it never changes its ending, it always ends in **-o**.

e.g. **Giorgio è molto stanco.**
    Angela è molto stanca.

GIOCHIAMO . . .

IO RICORDO.

A number of objects whose names are known are drawn on the board, put onto a felt board or placed on a table where they can be easily seen by the class. Students are allowed a limited amount of time (say, a minute and a half) to study and memorise what they see. The objects are then covered, removed or erased and students write down the names of as many objects as they can remember. The teacher can decide how many objects to show at a time. Team competition could be used, with members scoring a point for every object written correctly — with the definite article of course!

CHE COSA DICONO?

No, no, . . . non la bottiglia verde, la bottiglia gialla.

Ecco la bottiglia gialla, Kevin!

Prendi lo zucchero e il limone . . . no, no, no, prendi tre limoni, per favore!

Metti tutto questo?

Sì, metto tutto questo. Questa è la formula segreta.

Parli sempre di lavoro . . . K-E-V-I-N non ascolti!

Non trovo l'acqua . . . ah ecco l'acqua . . . in questa bottiglia!

Ma K-E-V-I-N!!

Silenzio! . . . attenzione! . . . è quasi pronto.

CABUM

Ecco, è pronto! Bevi Angela, bevi!

No, non bevo questo — IAC!

Bevi Angela, bevi! Per favore.

Va bene, va bene, bevo . . . LIMONATA!

Sì, è buona?

PAROLE NUOVE.

l'acqua	the water
la bottiglia	the bottle
buono	good
cattivo	bad
che cosa?	what?
di	of
la formula	the formula
il lavoro	the work
la limonata	the lemonade
il limone	the lemon
noioso	boring
nuovo	new
occupato	busy
pronto	ready
quasi	almost
questo(a)	this
segreto	secret
troppo	too
tutto	all
lo zucchero	the sugar
a casa	at home
che cosa fai?	what are you doing?

I COLORI

arancione	orange
azzurro	blue
bianco	white
giallo	yellow
grigio	grey
marrone	brown
nero	black
rosa	pink
rosso	red
verde	green

io		tu
ascolto	listen (to)	ascolti
bevo	drink	bevi
gioco	play	giochi
invento	invent	inventi
lavoro	work	lavori
leggo	read	leggi
metto	put	metti
parlo	speak	parli
prendo	take, get	prendi
scrivo	write	scrivi
studio	study	studi
trovo	find	trovi

I bet you can't say this three times, fast!

Sopra la panca la capra campa.
Sotto la panca la capra crepa.

SUONI NUOVI

Practise saying these
ca co cu chi che

A. Chiudi la porta!
   Chiudi la cartella!
B. Che cosa hai detto
   Carlo Merletto.

A. Chi è Carlo?
B. È un ragazzo curioso!

AVANTI PARLIAMO!

A. Dov'è il libro?   **Non trovo il libro.**
Dov'è la formula?   Non trovo . . . .
Dov'è la bottiglia?   . . . .
Dov'è lo zucchero?   . . . .
Dov'è il limone?   . . . .
Dov'è l'acqua?   . . . .
Dov'è la limonata?   . . . .

B. Prendi la bottiglia! **Ma dov'è la bottiglia?**
Prendi lo zucchero! Ma dov'è . . . . ?
Prendi l'acqua! . . . . ?
Prendi la formula! . . . . ?
Prendi il limone! . . . . ?
Prendi il libro! . . . . ?

Perchè non cerchi un po'?

C. Non trovo la limonata. **Ah, ecco la limonata!**
Non trovo l'acqua. Ah, ecco . . . . !
Non trovo il limone. . . . . !
Non trovo lo zucchero. . . . . !
Non trovo la bottiglia. . . . . !
Non trovo la formula. . . . . !
Non trovo il libro. . . . . !

D. Occupato (-a) **Mi dispiace, sono molto occupato (-a).**
Noioso (-a) Mi dispiace, sono molto . . . .
Triste Mi dispiace, sono . . . .
Stupido (-a) Mi dispiace, ...
Stanco (-a)
Cattivo (-a) . . . .

E. Giochi oggi? **Mi dispiace, non gioco oggi.**
Parli oggi? Mi dispiace, non parlo oggi.
Scrivi oggi? Mi dispiace, ...
Inventi oggi? . . . .
Bevi oggi? . . . .
Lavori oggi? . . . .

F. È pagina sei. **No. È pagina sette.**
È pagina uno. No. È pagina due.
È pagina nove. . . . .
È pagina quattro. . . . .
È pagina otto. . . . .
È pagina cinque. . . . .

Mi dispiace, sono stanco oggi.

AVANTI PARLIAMO!

G. Lui è molto occupato.   **Sì, è troppo occupato.**
Lei è molto occupata.   **Sì, è troppo occupata.**
Lui è molto noioso.   Sì, è troppo . . . .
Lei è molto noiosa.   Sì, ...
Lui è molto piccolo.   . . . .
Lei è molto piccola.   . . . .
Lui è molto forte.   . . . .
Lei è molto forte.   . . . .
Lui è molto intelligente.   . . . .
Lei è molto intelligente.   . . . .

H. Che cosa fai?   Leggo.
Che cosa . . ?   Ascolto.
Che . . . . . . ?   Invento.
. . . . ?   Lavoro.
. . . . ?   Studio.
. . . . ?   Parlo.
. . . . ?   Scrivo.

You ask the question.

I. Dammi lo zucchero, per favore.   **Mi dispiace, non ho lo zucchero.**
Dammi la limonata, per favore.   Mi dispiace, non ho . . . .
Dammi la bottiglia, per favore.   Mi dispiace, ...
Dammi la formula, per favore.   . . . .
Dammi l'acqua, per favore.   . . . .
Dammi il limone, per favore.   . . . .
Mamma mia, che cosa hai?

AVANTI SCRIVIAMO!

uno	1	**undici**	11	
due	2	**dodici**	12	
tre	3	**tredici**	13	
quattro	4	**quattordici**	14	
cinque	5	**quindici**	15	
sei	6	**sedici**	16	
sette	7	**diciassette**	17	
otto	8	**diciotto**	18	
nove	9	**diciannove**	19	
dieci	10	**venti**	20	

A. After you have learnt the numbers, see if you can make up your own crossword puzzle using just the Italian words from **uno** to **venti**. An English puzzle might look something like this:

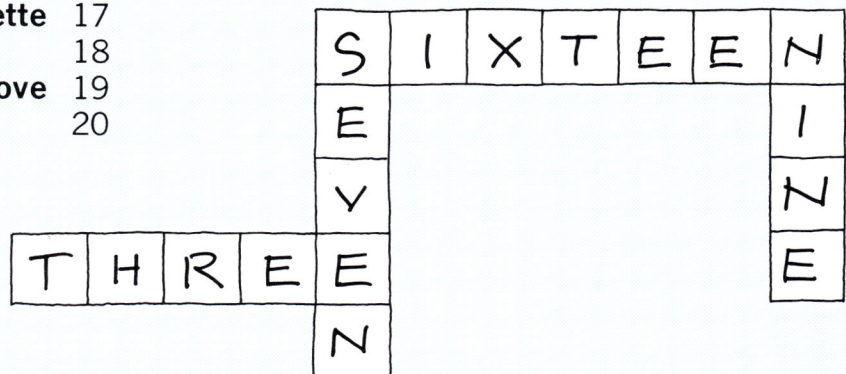

AVANTI SCRIVIAMO!

B. Each number and drawing tell you how many of each thing Fra Martino saw in his dream. Write them in Italian.

Modello:

4 _quattro gelati_

9 _nove matite_

a. 7 _____

b. 20 _____

c. 19 _____

d. 13 _____

e. 15 _____

f. 8 _____

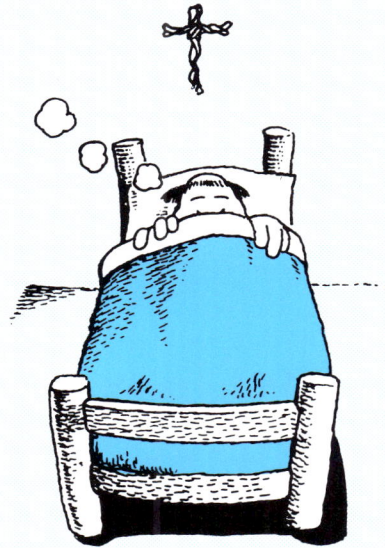

Mamma mia! Quanti asini!!

C. Put in the correct form of the definite article (**lo, il, la, l'**) in front of the following words:

1. _____ pagina
2. _____ formula
3. _____ acqua
4. _____ zucchero

5. _____ limone
6. _____ asino
7. _____ astuccio
8. _____ classe

9. _____ riga
10. _____ aula
11. _____ bottiglia
12. _____ lavoro

D. Masculine words have **questo**, feminine words have **questa**.
If the word begins with a vowel use **quest'**.
Write the correct one in front of the following words:

Modello:

questa pagina   _questo_ zucchero   _quest'_ astuccio

1. _____ riga
2. _____ formula
3. _____ acqua

4. _____ limone
5. _____ quaderno
6. _____ asino

7. _____ bottiglia
8. _____ armadio
9. _____ aula

AVANTI SCRIVIAMO!

E. Here is a list of adjectives that we have seen so far. Choose one from the list to complete the sentences below. Each word is used once.

stupido, stanco, bravo, nuovo, occupato, noioso,

segreto, giallo, verde, buono, intelligente

Don't be tricked! Sometimes you will need to change an **-o** ending to an **-a** ending.

Modello:

Giorgio è molto _Stupido_ .

Questa formula è _segreta_ .

1. Non la bottiglia rossa, la bottiglia _____.

2. Kevin trova la nuova formula, è molto _____.

3. Parli sempre di lavoro, sei _____.

4. Non gioco oggi, sono molto _____.

5. Questa limonata è _____.

6. ANGELA — Laura perchè non lavori?

   LAURA — Uffa, sono _____.

7. Il limone è _____.

8. DARIO — Non sono in ritardo oggi.

   PROFESSORESSA — Sei _____ Dario.

9. ANGELA — Kevin, tu inventi questa formula?

   KEVIN — Sì, la formula è _____.

F. Write the following in Italian:

1. You are late today. _____

2. You are studying. _____

3. I am working. _____

4. I am handsome but modest. _____

5. Are you writing? _____

6. Are you happy today? _____

AVANTI SCRIVIAMO!

G. Angela has put all these ingredients in her sandwich.

Colour the ingredients as follows:

verde

giallo

rosso

bianco

nero

marrone

viola

arancione

rosa

grigio

H. 1   2   3   4   5   6   7

Match the numbers with the sentences that say what you are doing.

Modello:

(*1*) ascolti

(   ) lavori molto   (   ) bevi la limonata

(   ) inventi la formula nuova   (   ) leggi il libro

(   ) scrivi la lettera   (   ) trovi un dollaro

GIOCHIAMO...

IMPICCHIAMO IL MACELLAIO!

Everyone knows how to play *Hang the Butcher*. Why not play it in Italian?
Once again team guessing in turn can be used if you want some competition.

A _ A N T _ _ !
A S _ N O
S A L _ _ A T _ _ R E

VIVA IL CALCIO!!!

Here are some Italian soccer teams with their nick-names:

CAGLIARI	**i rossoblu**	ITALIA	**gli azzurri**
AVELLINO	**i biancoverdi**	JUVENTUS	**i bianconeri**
FIORENTINA	**i viola**	MILAN	**i rossoneri**
GENOA	**i rossoblu**	ROMA	**i giallorossi**
INTER	**i nerazzurri**		The nick-names are based on the teams' colours.

On the following page:

A. Colour in the jumpers of each team.

B. Write the name of each team under each drawing. You will be able to associate the colours and their nick-names.

C. Which two league teams have been European and World champions? _____

_____

D. What is the colour of the Italian national team? _____

E. Which team has won the Italian championships most times? _____

F. Write the Italian colours of the team you support (in any sport), and make up an Italian nick-name for them: e.g. Essendon — **rosso e nero** = **i rossoneri.**

VIVA IL CALCIO!!!

blu e rosso

TEAM

Nine times league champions.

bianco e verde

TEAM

A team near Naples.

viola

TEAM

League runners-up in 1982.

rosso e giallo

TEAM

League champions 1941-42. European cup winners 1961.

bianco, rosso e blu

TEAM

Italian league champions 1969-70.

nero e bianco

TEAM

Won more championships than any other team.

nero e rosso

TEAM

European champions 1963 and 1969. World champions 1969.

azzurro e nero

TEAM

European and world champions in 1964 and 1965.

azzurro

TEAM

World champions 1934 and 1938, second in 1970, fourth in 1978. Again world champions in 1982.

CANZONE.

IO LUI LEI.

Io lui lei, anche tu; ma chi non c'è?

DA RI O
Non lo so dov'è, dov'è.
Dario suona la chitarra,
canta bene ma non balla,
l'italiano sempre parla.
   Se a casa lui non c'è
   io non so dov'è, dov'è.

Io lui lei, anche tu; ma chi non c'è?

AN GE LA
Non lo so dov'è, dov'è.
Lei si mette il rossetto,
e si lava i capelli,
biondi lunghi sempre belli.
   Se a casa lei non c'è
   io non so dov'è, dov'è.

Io lui lei, anche tu; ma chi non c'è?

KE VI NO
Non lo so dov'è, dov'è.
Non fa altro che studiare,
lavorare, inventare,
molte lingue sa parlare.
   Se a casa lui non c'è
   io non so dov'è, dov'è.

Io lui lei, anche tu; ma chi non c'è?

FA I NA
Non lo so dov'è, dov'è.
Lei aiuta sempre a casa,
la chitarra suona bene,
sua sorella è Irene.
   Se a casa lei non c'è
   io non so dov'è, dov'è.

Io lui lei, anche tu; ma chi non c'è?

GIOR GI O
Non lo so dov'è, dov'è.
Lui è sempre un bugiardo,
molto forte ma testardo,
gioca bene il biliardo.
   Se a casa lui non c'è
   io non so dov'è, dov'è.

Io lui lei, anche tu; ma chi non c'è?

LA U RA
Non lo so dov'è, dov'è.
Parla bene il francese,
l'italiano e l'inglese,
sua sorella è Agnese.
   Se a casa lei non c'è
   io non so dov'è, dov'è.

HOW ITALIAN WORKS.

A. The definite article — the

masculine	feminine
il	la
l'	l'
lo	

Lo is used for masculine singular nouns beginning with **z** or
s + consonant.
e.g. **lo zucchero** the sugar
lo specchio the mirror

B.
Io lavoro. I work.
Io vendo I sell.

The Italian way of telling that it is
I who <u>am</u> doing an action is the **-o**
ending on the verb.
e.g.
studio I study, I am studying
compro I buy, I am buying
parlo I speak, I am speaking
prendo I take, I am taking
leggo I read, I am reading

Notice that the **-o** ending replaces the
-are or **-ere** ending of the infinitive.

Sometimes the pronoun **io** is used with
the **-o** ending, but it is not necessary.
e.g.
io compro I buy **compro** I buy
io vendo I sell **vendo** I sell

C.
Tu lavori. You work.
Tu vendi. You sell.

The Italian way of telling that it is <u>you</u>
who <u>are</u> doing an action is the **-i**
ending on the verb.
e.g.
studi you study, you are studying
compri you buy, you are buying
parli you speak, you are speaking
prendi you take, you are taking
leggi you read, you are reading

Notice that the **-i** ending replaces the
-are or **-ere** ending of the infinitive.

Sometimes the pronoun **tu** is used
with the **-i** ending, but it is not
necessary.
e.g.
tu compri you buy **compri** you buy
tu vendi you sell **vendi** you sell

Sometimes the **-i** ending means that
you are <u>telling someone to do
something.</u>
e.g.
Chiudi la finestra! Shut the window!
Prendi la bottiglia! Take the bottle!

D. Remember! If you are writing a verb,
the verb ending is what tells you who is
doing the action. The **-o** ending tells
you that <u>I am</u> doing something. The
-i ending tells you that <u>you are</u> doing
something. In these cases you don't
need **sono** or **sei** to give the idea of
<u>I am</u> or <u>you are.</u>
e.g.
Sono contento. <u>I am</u> happy.
Parlo italiano. <u>I am</u> speaking Italian.
Sei timida. <u>You are</u> shy.
Compri tutto. <u>You are</u> buying everything.

CAPITOLO OTTO.
SABATO MATTINA.

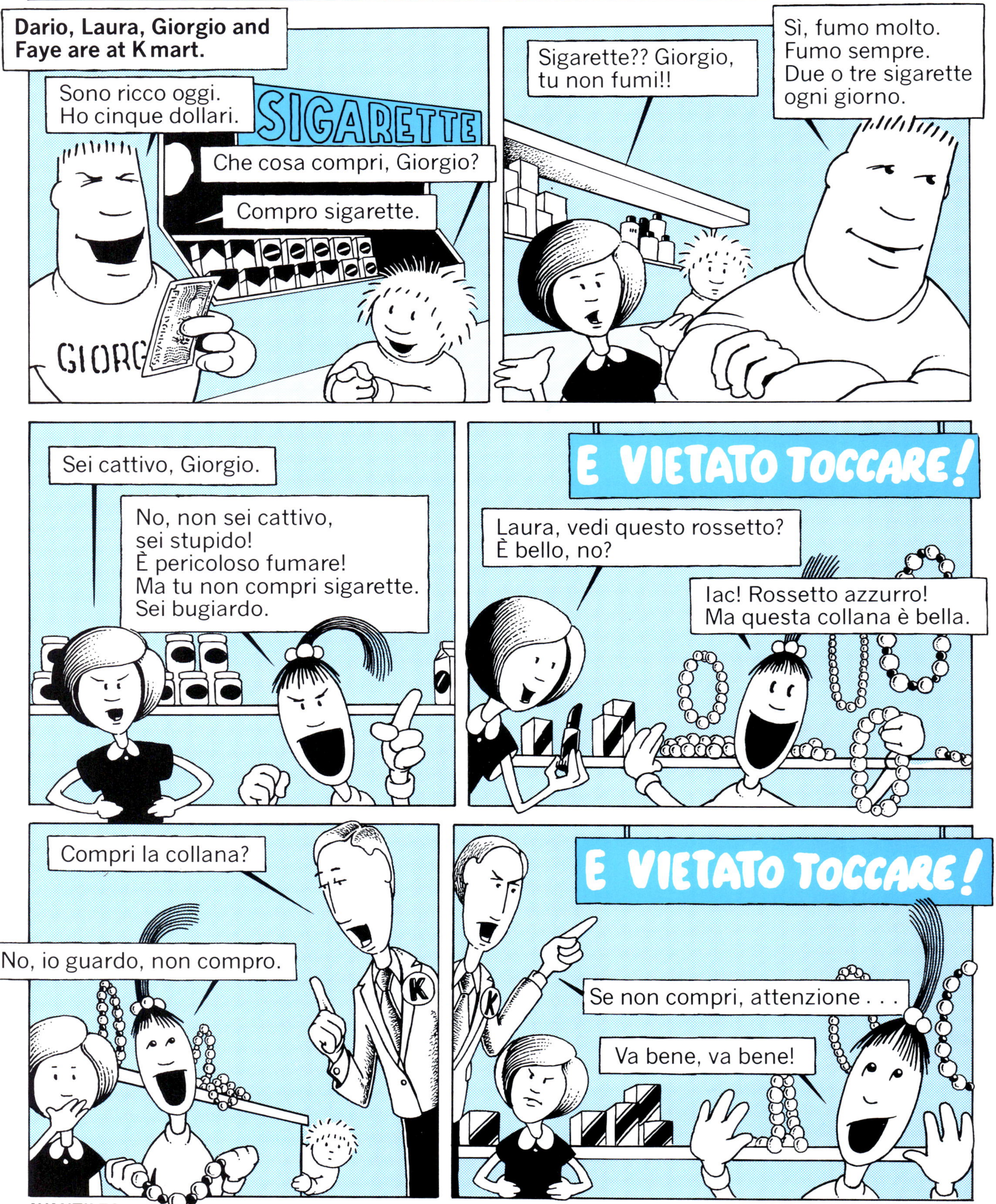

PAROLE NUOVE.

l'anno	the year
il bambino	the baby, the child
la bambina	
la collana	the necklace
compri	you buy
compro	I buy
il dollaro	the dollar
dormi	you sleep
dormo	I sleep
fumi	you smoke
fumo	I smoke
il giorno	the day
guardo	I look (at)
molto	a lot, much
ogni	every
pericoloso	dangerous
qui	here
ricco	rich
il rossetto	the lipstick
tocco	I touch
vedi	you see
vietato	forbidden
la sigaretta	the cigarette

tutto è vietato	everything is forbidden
Quanti anni hai?	How old are you?
Ho quindici anni.	I am fifteen (years old).

VERBS

-are		-ere	
comprare	to buy	leggere	to read
fumare	to smoke	mettere	to put
guardare	to look at	prendere	to take
lavorare	to work	vendere	to sell
studiare	to study		
toccare	to touch		

SUONI NUOVI

Practise saying:

Chi che ci ce

Un chilo di ceci, per favore!
Che cos'altro vuole?
Una cioccolata.
C'è un cestino?
Certo che c'è un cestino.

Now say these names.

Cecilia	Cesare
Chiara	Cheronea
Carlo	Chelone
Ciccio	Cero

GIOCHIAMO...

QUANTI ANNI HAI?

You prepare for this game by bringing into class a photo of someone in your family. When it's your turn, you show the photo and ask, **'Quanti anni ha?'** You give clues to those guessing by saying e.g. **'Ha più di otto anni'** (he's more than eight years old). Team competition could be introduced by taking turns to ask opposing team members and scoring a point for each incorrect guess.

If you like, this game may be more complicated by using months, **mesi** in Italian.

e.g. **Ha più di sedici anni e nove mesi, ha meno di sette mesi** (for a baby photo).

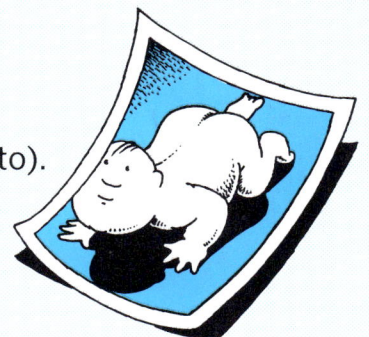

AVANTI PARLIAMO!

A. Sono ricco.
Ho due dollari oggi. **Due?! Io ho tre dollari.**
Ho cinque dollari oggi. Cinque?! Io ho sei dollari.
Ho nove dollari oggi. Nove?! Io ho . . . .
Ho sette dollari oggi. Sette?! . . . .
Ho quattro dollari oggi. . . . .
Ho dieci dollari oggi. . . . .
Ho dodici dollari oggi. . . . .
Ho quindici dollari oggi. . . . .
Va bene, va bene. Non sono ricco.

You think
you're rich.

B. Che cosa compri? La carta? **Sì, compro la carta.**
Che cosa compri? Il rossetto? Sì, compro . . . .
Che cosa compri? Quattro gelati? Sì, ...
Che cosa compri? La collana? . . . .
Che cosa compri? La limonata? . . . .
Che cosa compri? L'astuccio? . . . .
Che cosa compri? La bottiglia rossa? . . . .
Che cosa compri? Il libro *Avanti*? . . . .
Compri tutto questo? Sei ricco oggi!

Hey, what are
you buying?

C. Compro sigarette. **Che cosa compri?**
Guardo la collana. Che cosa guardi?
Vedo questo rossetto. Che cosa . . . . . ?
Prendo la bottiglia. . . . . ?
Bevo la limonata. . . . . ?
Metto tutto questo. . . . . ?
Leggo la formula nuova. . . . . ?
Studio questo libro. . . . . ?
Bevo l'acqua. . . . . ?
Studio l'italiano. . . . . ?
Leggo il libro. . . . . ?

D. Ho sedici anni. **No, hai quindici anni.**
Ho tredici anni. No, hai dodici . . . .
Ho dieci anni. No, ...
Ho sette anni. . . . .
Ho dodici anni. . . . .
Ho undici anni. . . . .
Ho quindici anni. . . . .
Ho venti anni.
Venti anni e ancora a scuola! Hi hi hi.

You're not
that old.

AVANTI PARLIAMO!

E. Leggi il libro rosso?   **No. Non leggo il libro rosso.**
Compri la collana?   No. Non compro . . . .
Guardi il rossetto?   No. Non . . . .
Vendi quattro gelati?   . . . .
Prendi la bottiglia gialla?   . . . .
Lavori sempre?   . . . .
Hai tredici anni?   . . . .
Sei ricco oggi?   . . . .
Sei intelligente?   . . . .
Hi! Hi! Hi!

I am innocent!

F. È vietato scrivere qui.   **Ma io non scrivo.**
È vietato vendere qui.   Ma io non . . . . .
È vietato studiare qui.   . . . .
È vietato mettere acqua qui.   . . . . . . acqua.
È vietato comprare gelati qui.   . . . . gelati.
È vietato lavorare qui.   . . . .
È vietato toccare collane qui.   . . . . . . .collane.
È vietato leggere libri qui.   . . . . libri.

G. Io compro tutto.   **È pericoloso comprare tutto.**
Io prendo tutto.   È pericoloso prendere . . . . . .
Io scrivo tutto.   È pericoloso . . . .
Io metto tutto.   È . . . .
Io tocco tutto.   . . . .
Io guardo tutto.   . . . .
Io leggo tutto.   . . . .
Io vendo tutto.   . . . .

Sì è pericoloso vendere tutto!

H. Compri il rossetto?   **Compro due rossetti.**
Compri la collana?   Compro due collane.
Compri la bottiglia?   Compro due . . . .
Compri il gelato?   . . . .
Compri la matita?   . . . .
Compri il libro?   . . . .
Compri il limone?   . . . .
Compri la limonata?   . . . .
Compri l'asino?   . . . .
Compri la sigaretta?   *No, è pericoloso fumare.*

Ma questa ragazza è brutta.

I. Prendi due rossetti!   **Ma questo rossetto è brutto.**
Prendi due collane!   Ma questa collana è brutta.
Prendi due bottiglie!   Ma questa bottiglia è . . . . . .
Prendi due gelati!   Ma questo gelato . . . .
Prendi due penne!   . . . .
Prendi due quaderni!   . . . .
Prendi due ragazze!   . . . .
Prendi due ragazzi!   . . . .

AVANTI ASCOLTIAMO!

To complete these exercises you must listen to Programme 8 on ABC Radio.

A. Guess what these things are.
Che cos'è?

È il leone.   È l'acqua.   È la bottiglia.   È la formula.   È il segreto.

B. Che cosa fai?

bevo   **leggo**   **parlo**   **scrivo**   **dormo**   **lavoro**

C. In each of the following, the person speaking will say a number between 1 and 20. Write the number you hear.

1. _2_
2. _____
3. _____
4. _____
5. _____
6. _____

7. _____
8. _____
9. _____
10. _____
11. _____
12. _____

13. _____
14. _____
15. _____
16. _____
17. _____
18. _____

D. Which did you hear? Tick the expression you hear.

Modello:

Il limone per favore. ☐

Tre limoni per favore. ✔

1. Ma sei troppo noioso! ☐

   Ma sei molto noioso! ☐

2. No, non la bottiglia rossa. ☐

   Non ho la bottiglia rossa. ☐

3. Ma tu non hai sedici anni. ☐

   Ma tu hai tredici anni. ☐

4. Laura è molto bella. ☐

   Laura è molto bella? ☐

5. Vedi questo rossetto? ☐

   Vendi questo rossetto? ☐

6. Dov'è la formula nuova? ☐

   Dove trovi la formula nuova? ☐

AVANTI SCRIVIAMO!

A. Write what the characters would answer to the following questions. You'll need to refer to the episode at the supermarket.

Modello:

Giorgio, sei ricco o povero oggi? ___Sono ricco oggi.___

1. Giorgio, sei cattivo o stupido? _____

2. Il rossetto è azzurro o giallo? _____

3. Laura, guardi o compri la collana? _____

4. Giorgio, hai sedici o tredici anni? _____

5. Giorgio, compri sigarette o gelati? _____

6. È intelligente o pericoloso fumare? _____

B. Laura is saying what she thinks of you. Choose an adjective from the list below that would complete each sentence. Each word is to be used only once.

in ritardo   intelligente   stanco   ricco   noioso   timido   bravo

Modello:

Fumi sigarette?   Sei ___stupido___!

1. Lavori sempre?   Sei _____!

2. Hai venti dollari?   Sei _____!

3. Non sei in tempo?   Sei _____!

4. Parli tre lingue?   Sei _____!

5. Non bevi questo?   Sei _____!

6. Studi ogni giorno?   Sei _____!

7. Dormi molto?   Sei _____!

C. Unscramble these numbers.

1. dniuci _____

2. tarqtuo _____

3. esidaistetc _____

4. utatodriicq _____

5. ciedi _____

6. oicdinanev _____

7. disiec _____

8. cridtei _____

AVANTI SCRIVIAMO!

D. Write in Italian.

1. Do you see this necklace? _____.

2. This lipstick is nice. _____.

3. How old are you? _____.

4. I am fifteen. _____.

5. O.K., I will take five ice-creams. _____.

6. You are not nineteen. _____.

E. Tell us about yourself.

1. Come ti chiami? _____.

2. Quanti anni hai? _____.

3. Sei bello o brutto? _____.

4. Sei stupido o intelligente? _____.

5. Sei bravo o cattivo? _____.

6. Leggi molto? _____.

7. Dormi in classe? _____.

8. Sei un asino? _____.

F. Change the following from singular to plural:

1. sigaretta _____   4. anno _____   7. dollaro _____

2. bottiglia _____   5. libro _____   8. formula _____

3. gelato _____   6. limone _____   9. sedia _____

G. Change the following from plural to singular:

1. quaderni _____   4. pagine _____   7. armadi _____

2. collane _____   5. campane _____   8. classi _____

3. rossetti _____   6. astucci _____   9. libri _____

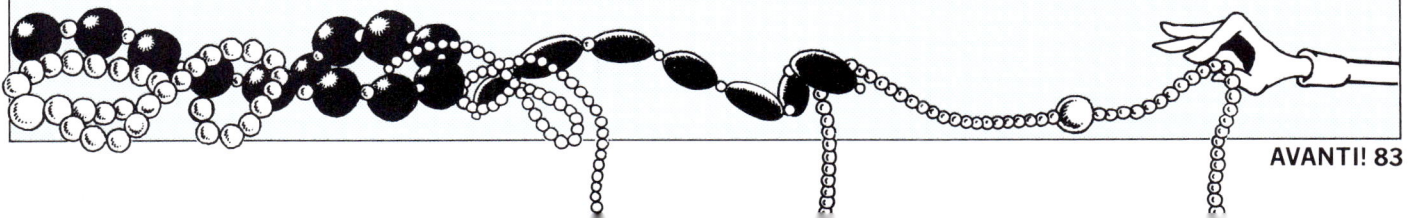

H. Connect the noun and the appropriate definite article with a line.

Modello:

cartella	il
maestro	la
zucchero	la
pagina	il
classe	l'
astuccio	il
weekend	l'
bottiglia	la
aula	la
rossetto	l'
anno	lo
collana	la

I. Fill in the names of these animals in the right places.

HOW ITALIAN WORKS.

A. Infinitives.

toccare	to touch
vendere	to sell

Toccare and **vendere** are called *infinitives*. They don't really mean much by themselves, so they are usually found in expressions together with other words.

e.g.

È pericoloso toccare un leone.
It's dangerous to touch a lion.

È vietato vendere sigarette.
It's forbidden to sell cigarettes.

Toccare belongs to a group of infinitives ending in **-are**.
Here are some examples:

studiare	to study
comprare	to buy
guardare	to watch, to look
parlare	to speak

Vendere belongs to a group of infinitives ending in **-ere**.
Here are some more examples:

prendere	to take
mettere	to put
scrivere	to write
leggere	to read

B. Quanti anni hai?
How old are you?

Ho tredici anni
I'm thirteen (years old).

Hai sedici anni?
Are you sixteen (years old).

Lui ha tre anni.
He is three (years old).

● When Italians say how old they are, they say they <u>have</u> a certain number of years.

C. The following words are handy for asking questions:

Chi?	Who?
Che cosa?	What?
Quanti/e?	How many?
Dove?	Where?

Quanti numeri?

LO SAI CHE...

There are many differences between shops in Italy and shops in Australia.

For one thing, they are open at different times. In Italy shops are open six days a week. In the morning they start at 9.00 a.m. and at about 1.00 p.m. they close so that people can go home for lunch. They reopen in the afternoon from about 4.00 p.m. and shut for the night at about 7.30 p.m. But don't be surprised to find some shops closed on a Monday or a Tuesday afternoon. Shops take an afternoon off every week, usually on a Monday or a Tuesday, but this varies from city to city.

Big department stores look very much like our Myers or Woolworths, they just have different names. Two of the better known chain stores in Italy are **Upim** and **Standa**. But some smaller shops, such as butchers and grocers, look very different. They display many of their products, hanging them outside the shops for everyone to see.

Yes, there are shopping centres but you can also find shops anywhere in the town or city. There are furniture shops, grocers, shoe stores, tobacconists, etc. that are just part of ordinary buildings.

This sign is commonly seen in cities and towns. Shops with a sign like this sell cigarettes, and, would you believe, salt and stamps! Post offices also sell stamps of course.

Activity — Draw a map of the main street in your town or city and label it in Italian.

Can you work out or find out what you'd buy at these shops?

jeanseria _____

pizzeria _____

profumeria _____

libreria _____

gelateria _____

What does the **-eria** ending mean in the words above?

_____

LO SAI CHE...

Here is a street of shops. Under each one write the English name for the shop.

PAROLE NUOVE.

la bicicletta	the bicycle
la chitarra	the guitar
canto	I sing
canti	you sing
il fratello	the brother
giocare	to play (a game)
giochi	you play
la lingua	the tongue, the language
mangiare	to eat
mangio	I eat
mangi	you eat
il mese	the month
il pianoforte	the piano
la sorella	the sister
suonare	to play (musical instrument)
suono	I play (musical instrument)
la televisione	the television
una	a, an, one (feminine)
vecchio	old
vedo	I see

anch'io	I also, I too
a più tardi	see you later
gioco a biliardo	I play billiards

CHE LINGUA PARLI?

francese	French
greco	Greek
inglese	English
italiano	Italian
spagnolo	Spanish
tedesco	German

CHE COSA GIOCHI?

Il biliardo	billiards
bocce	bocce (a type of bowls)
il calcio	soccer
il cricket	cricket
il futbol	football
il tennis	tennis

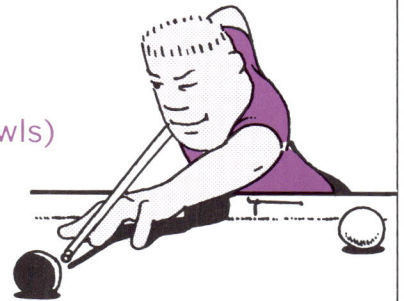

CANZONE.

Oggi è il compleanno di Laura.

Silenzio!

Che bella sorpresa! Grazie.

Tanti auguri a te
Tanti auguri a te
Tanti auguri cara Laura
Tanti auguri a te.

AVANTI PARLIAMO!

A. Quanti anni hai?

Ho quasi sedici anni.   **Ah! Hai quindici anni.**
Ho quasi otto anni.   . . . . . sette anni.
Ho quasi dieci anni.   . . . .
Ho quasi dodici anni.   . . . .
Ho quasi quattro anni.   . . . .
Ho quasi nove anni.   . . . .
Ho quasi quattordici anni.   . . . .
Ho quasi sette anni.

B. Parli italiano?   **Sì parlo italiano.**
Parli inglese?   Sì . . . .
Parli francese?   . . . .
Parli spagnolo?   . . . .
Parli tedesco?   . . . .
Parli cinque lingue?   . . . .

C. Giochi a biliardo?   **No, non gioco a biliardo.**
Giochi a *Space Invaders*?   No, ...
Giochi a tennis?   . . . .
Giochi a calcio?   . . . .
Giochi a cricket?   . . . .
Giochi a bocce?   . . . .

D. Giochi molto?   **Gioco, ma non gioco molto.**
Fumi molto?   Fumo, ma . . . .
Parli molto?   Parlo, ...
Canti molto?   . . . .
Leggi molto?   . . . .
Studi molto?   . . . .
Inventi molto?   . . . .
Mangi molto?   . . . .

Che cosa fai?

Guardo il cricket alla televisione.

SUONI NUOVI

Now read these words.

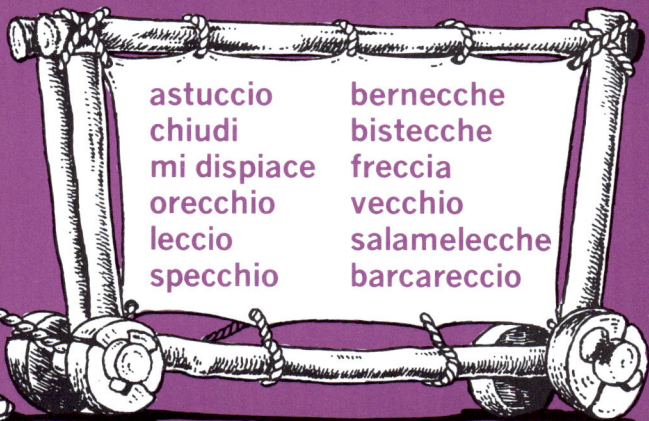

astuccio	bernecche
chiudi	bistecche
mi dispiace	freccia
orecchio	vecchio
leccio	salamelecche
specchio	barcareccio

AVANTI ASCOLTIAMO!

To complete these exercises you must listen to Programme 9 on ABC Radio.

A. Che cosa è?

È la bicicletta   È il tennis   È il futbol   È la chitarra   È la televisione   È il pianoforte

Now listen to these sounds in a different order and say what they are.

B. Write how old each person says he/she is.

Quanti anni hai?

Modello:

Ho ___16___ anni.   3. Ho _____ anni.   6. Ho _____ anni.

1. Ho _____ anni.   4. Ho _____ anni.   7. Ho _____ anni.

2. Ho _____ anni.   5. Ho _____ anni.   8. Ho _____ anni.

C. Listen to what each person says he/she does. Then circle the right word.

Modello:

(canto)   compro   ascolto   prendo

1. mangio   studio   scrivo   bevo   5. ascolto   lavoro   gioco   scrivo
2. gioco   lavoro   guardo   parlo   6. trovo   parlo   ascolto   mangio
3. suono   invento   metto   trovo   7. canto   invento   prendo   studio
4. bevo   prendo   compro   guardo   8. prendo   compro   gioco   bevo

D. Listen to these people telling you what they play. Circle the two words you hear.

Modello:

(gioco)   suono   futbol   (tennis)   biliardo   chitarra   pianoforte

1. gioco   suono   futbol   tennis   biliardo   chitarra   pianoforte
2. gioco   suono   futbol   tennis   biliardo   chitarra   pianoforte
3. gioco   suono   futbol   tennis   biliardo   chitarra   pianoforte
4. gioco   suono   futbol   tennis   biliardo   chitarra   pianoforte
5. gioco   suono   futbol   tennis   biliardo   chitarra   pianoforte
6. gioco   suono   futbol   tennis   biliardo   chitarra   pianoforte

A. Answer these questions about yourself.

Modello:

Guardi la televisione?

Sì, guardo la televisione. **or** _No, non guardo la televisione._

1. Giochi a biliardo? _____

2. Hai quasi 14 anni? _____

3. Giochi a calcio? _____

4. Parli due lingue? _____

5. Parli francese? _____

6. Leggi e inventi sempre? _____

B. Draw or glue in a photo of yourself and tell us something about yourself.

_____

_____

_____

_____

C.

leggere	studiare	giocare	toccare	mangiare
leggo	studio	gioco	tocco	mangio
leggi	studi	giochi	tocchi	mangi

Write the correct form of the verb for each of the following:

Modello:

io _gioco_ (giocare)

tu _tocchi_ (toccare)

1. tu _____ (mangiare)   6. tu _____ (toccare)

2. io _____ (giocare)   7. tu _____ (giocare)

3. io _____ (leggere)   8. tu _____ (studiare)

4. tu _____ (leggere)   9. io _____ (mangiare)

5. io _____ (studiare)   10. io _____ (toccare)

AVANTI SCRIVIAMO!

D.

ascoltare	inventare	lavorare	parlare	vendere	scrivere	vedere
ascolto	invento	lavoro	parlo	vendo	scrivo	vedo
ascolti	inventi	lavori	parli	vendi	scrivi	vedi

Write the correct form of the verb for each of the following:

Modello:

io ___*invento*___ (inventare)

tu ___*ascolti*___ (ascoltare)

1. io _____ (vedere)
2. io _____ (lavorare)
3. tu _____ (parlare)
4. io _____ (vendere)
5. tu _____ (ascoltare)

6. tu _____ (scrivere)
7. io _____ (parlare)
8. tu _____ (vedere)
9. tu _____ (vendere)
10. io _____ (ascoltare)

E.

È pericoloso.   **È vietato.**

After these expressions you always use the infinitive.
Write an appropriate sentence for each of the drawings.

Modello:

 ___*È vietato*___ fumare.

 ___*È pericoloso*___ inventare.

1. _____ guardare.
2. _____ fumare.
3. _____ inventare.
4. _____ vendere.
5. _____ inventare.

6. _____ leggere.
7. _____ fumare.
8. _____ scrivere.
9. _____ toccare.
10. _____ toccare.

AVANTI SCRIVIAMO!

F. Now it's your turn to draw and write a page of *Avanti*. Below you will find a suggested story line. You have to draw your own cartoons and have the characters speaking in Italian. Two are drawn for you.

1. Laura meets Angela.
   They say hello to each other.
   Angela asks Laura how she is.
   Angela says she is well.
2. Laura says she is happy.
   Tomorrow is Saturday.
   Angela asks what she is doing.
3. Laura says she is playing tennis.
   She asks Angela if she is watching T.V.
   Angela says no, she is studying.
4. Laura doesn't believe her,
   and suggests that she's lying.
   Angela says, "O.K., I'm working at Kevin's place".
5. Laura says Kevin is boring.
   He's always busy.
   Angela disagrees. She says Kevin is handsome and very intelligent.
6. Laura thinks UUUUUUU . . .

Panel 1: Ciao Angela. / Ciao Laura. / Come stai? / Bene grazie.

Panel 2: (empty)

Panel 3: (empty)

Panel 4: Sei bugiarda! / Va bene. Lavoro a casa di Kevin.

Panel 5: (empty)

Panel 6: (empty)

AVANTI SCRIVIAMO!

G. Write in the correct definite article. (**il, lo. l', la**).

1. _____ bicicletta
2. _____ fratello
3. _____ mese
4. _____ televisione

5. _____ limonata
6. _____ acqua
7. _____ zucchero
8. _____ animale

9. _____ canguro
10. _____ quaderno
11. _____ sorella
12. _____ pianoforte

H. Each number represents a letter. See if you can discover the different items you might find in a classroom.

Modello:

$$\underset{1}{L}\ \underset{2}{A}\qquad \underset{3}{C}\ \underset{2}{A}\ \underset{4}{R}\ \underset{5}{T}\ \underset{6}{E}\ \underset{1}{L}\ \underset{1}{L}\ \underset{2}{A}$$

1. $\underset{7}{\quad}\ \underset{1}{\quad}\qquad \underset{8}{\quad}\ \underset{2}{\quad}\ \underset{9}{\quad}\ \underset{3}{\quad}\ \underset{10}{\quad}$

2. $\underset{1}{\quad}\ \underset{2}{\quad}\qquad \underset{3}{\quad}\ \underset{2}{\quad}\ \underset{4}{\quad}\ \underset{5}{\quad}\ \underset{2}{\quad}$

3. $\underset{1}{\quad}\ \underset{2}{\quad}\qquad \underset{11}{\quad}\ \underset{7}{\quad}\ \underset{9}{\quad}\ \underset{6}{\quad}\ \underset{12}{\quad}\ \underset{5}{\quad}\ \underset{4}{\quad}\ \underset{2}{\quad}$

4. $\underset{1}{\quad}\ \underset{2}{\quad}\qquad \underset{13}{\quad}\ \underset{10}{\quad}\ \underset{4}{\quad}\ \underset{5}{\quad}\ \underset{2}{\quad}$

5. $\underset{1}{\quad}\ \underset{2}{\quad}\qquad \underset{12}{\quad}\ \underset{6}{\quad}\ \underset{14}{\quad}\ \underset{7}{\quad}\ \underset{2}{\quad}$

6. $\underset{7}{\quad}\ \underset{1}{\quad}\qquad \underset{1}{\quad}\ \underset{7}{\quad}\ \underset{8}{\quad}\ \underset{4}{\quad}\ \underset{10}{\quad}$

7. $\underset{1}{\quad}\qquad \underset{2}{\quad}\ \underset{4}{\quad}\ \underset{15}{\quad}\ \underset{2}{\quad}\ \underset{14}{\quad}\ \underset{7}{\quad}\ \underset{10}{\quad}$

8. $\underset{1}{\quad}\ \underset{2}{\quad}\qquad \underset{13}{\quad}\ \underset{6}{\quad}\ \underset{9}{\quad}\ \underset{9}{\quad}\ \underset{2}{\quad}$

9. $\underset{7}{\quad}\ \underset{1}{\quad}\qquad \underset{16}{\quad}\ \underset{17}{\quad}\ \underset{2}{\quad}\ \underset{14}{\quad}\ \underset{6}{\quad}\ \underset{4}{\quad}\ \underset{9}{\quad}\ \underset{10}{\quad}$

10. $\underset{1}{\quad}\ \underset{2}{\quad}\qquad \underset{4}{\quad}\ \underset{7}{\quad}\ \underset{18}{\quad}\ \underset{2}{\quad}$

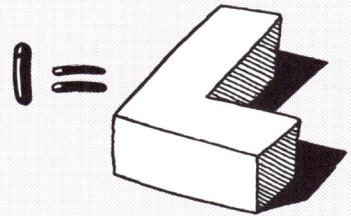

1 =

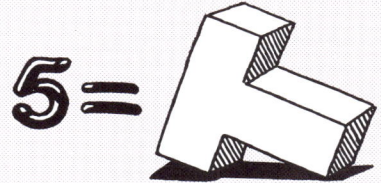

5 =

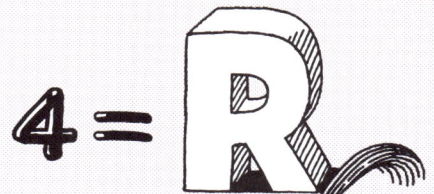

4 = R

"Long legged Italy kicked poor Sicily into the Mediterranean Sea."

Actually, **Sicilia** is part of Italy. It's one of those twenty regions we mentioned before. The island that bounced off the kneecap is **Sardegna** and it is also a region of Italy.

Italia is a peninsula.
You may know of a peninsula in your part of the world.

Paesi (countries).

You will find some of the countries around Italy have been marked on the map again. Use the first letter clues to write the full names on the map. Do not forget to use the Italian names.

On this map we have included an African country, Tunisia, to help you realise how close the northern part of Africa is to Italy. North Africa has always played an important part in European history.

Mari (seas).

We have already seen that the Mediterranean is the sea that dominates this part of the world. Of course this map does not show the whole sea which stretches from Spain in the west to Middle Eastern countries such as Israel and Lebanon.

Notice that in Italian you say the word for sea (**mare**) first and then give the name of the sea, e.g. **Mar Mediterraneo**. (The final **-e** of **Mare** is often left out when sea names are given.)

Now mark in the seas: **Mar Mediterraneo, Mar Ligure, Mare Adriatico, Mar Tirreno,** and **Mar Ionio**. You will find the English names in an atlas.

The main Italian sea ports are **Napoli** and **Genova**. Genova is on the Mar Ligure.

Montagne (mountains).

The Italian name given to the mountains that stretch across the north of Italy is **le Alpi** (the Alps). Of course, Italy shares these mountains with other countries in the area.

Le Alpi have always been a great tourist attraction, but they make it pretty hard getting into Italy from France, Austria or Switzerland. To do this you have to use a pass, like the famous Brenner Pass that goes from Austria to Italy.

LA CARTA GEOGRAFICA.

There are a few important tunnels as well. In fact the Italian-Austrian border runs through one of them. It is possible to travel through these tunnels by road or rail. See if you can find the following and mark them on the map: **the Simplon Tunnel, the St. Gotthard Pass, the Brenner Pass**.

The chain of mountains running the length of the peninsula is **gli Appennini**. They form a sort of spine or backbone for the country.

Il clima (the climate).

Most people think of sunny Mediterranean weather when they think of Italy. This is especially true of the south of Italy which Italians call the **Mezzogiorno**, the land of midday sun.

Parts of Italy suffer from summer heatwaves like the ones we have here in Australia. In Rome, for example, the suffocating summer heat can become uncomfortable. Romans like to take their summer holidays in the hills or at the beach if possible.

But Italy does have a winter as well. In fact, in the mountains, temperatures fall below zero and snow covers the slopes. Skiing is a very popular sport in Italy. Rome itself also becomes quite cold in winter. An overnight low of 4°C and a high of 11°C would be a normal winter day.

Città (cities).

How many Italian cities do you remember? Mark them on the map on page 96 and write them in Italian.

Hannibal.

We're going back in time, before Italy existed, before the time of Christ, to when much of the Mediterranean region was controlled by the mighty Roman Empire.

In about 220 B.C., some of Rome's bitterest enemies lived in Carthage, the ancient name for a city which was in the northern part of what is today called Tunisia.

According to legend, the young, up-and-coming military leader, Hannibal, had vowed to spend his life as an enemy of Rome. And it was a promise that he certainly kept.

After crossing from North Africa into Spain, fighting his way across what we today call France, Hannibal shocked the Romans by crossing the Alps and moving down the peninsula towards the capital of the Empire.

The Romans imagined that the Alps gave them protection in the north. But not only did Hannibal manage to cross them, he brought with him about 30,000 troops, 6,000 horses and a number of elephants!

Hannibal's idea was to use the elephants as tanks are used in modern warfare, for breaking up the enemy's lines. The Romans eventually defeated Hannibal by attacking Carthage and forcing the African leader home to defend his own city. So Hannibal eventually lost the war. But what an effort, bringing those elephants over the Alps!

LA CARTA GEOGRAFICA.

Now answer these questions:

1. What are Italy's two island-regions?

_____

2. Name three countries that border on Northern Italy.

_____

_____

3. What is the name of the most important sea in this part of the world? (Be careful of the spelling).

_____

4. What is the name of the sea between Italy and Yugoslavia?

_____

5. What is the name of the sea around Sardinia?

_____

6. What are Italy's main seaports?

_____

_____

7. In what part of Italy would you find the Alps?

_____

8. How does the modern traveller cross the Alps?

_____

9. Where are the Apennines?

_____

10. What are the Italian names for:

Rome _____

Naples _____

Venice _____

Florence _____

Milan _____

11. What is the Mezzogiorno?

_____

12. What are the winter months in Italy?

_____

_____

GIOCHIAMO...

CHICCHIRICHÌ!

Here is a game you may have played before. Go around the class counting from **uno** to **venti**, each student taking a turn to say a number. When you reach 20 start again or count backwards to 1. Anyone who makes a mistake is out! Now try counting by 2s, 3s, 4s etc. Nearly everyone should still be in the game at this stage.

Now the game starts properly. This time round you decide that a certain number is not to be said but is to be replaced by the sound **chicchirichì** (cockadoodledoo). Any mistake and you're out!

If too many are staying in the game you can start **chicchirichì**ing on more than one number or on multiples of three for example. No doubt you'll think of some local rules of your own.

HOW ITALIAN WORKS.

A. Adjectives.

Il libro è rosso.
La matita è rossa.
Il libro è grande.
La matita è grande.

We have already seen that Italians use a masculine adjective when describing a male and a feminine adjective when describing a female.

e.g. **Dario è contento.**
Laura è contenta.

We now have to understand that the terms *masculine* and *feminine* do not just apply to people. We know for example that **libro** is a masculine word and that **matita** is a feminine word. We can then understand that if a masculine noun is being described, the masculine form of the adjective must be used. If a feminine noun is being described, the feminine form of the adjective must be used.

e.g. **Il libro è rosso.**
La matita è rossa.
Il limone è giallo.
L'acqua è azzurra.
L'asino è forte.
La ragazza è triste.

● Notice that making adjectives agree with nouns is not the same thing as making them end in the same letter.

B. Plural of nouns.

libro _____ libri
penna _____ penne
limone _____ limoni
classe _____ classi

Nouns ending in -o in the singular and in **-i** in the plural are usually masculine words.

e.g. **quaderno _____ quaderni**
asino _____ asini

Nouns ending in **-a** in the singular end in **-e** in the plural. These are usually feminine words.

e.g. **porta _____ porte**
sedia _____ sedie

Nouns ending in **-e** in the singular end in **-i** in the plural. Some of these words are masculine, others are feminine.

e.g. **limone _____ limoni** (masc.)
classe _____ classi (fem.)

● Always use plurals after numbers.

e.g. **Due dollari, quattro gelati, tre limoni**

What about **uno**?

Not **uno** of course!

E che cappello! È un cappello nuovo?

Sì, è un cappello nuovo. Anche questi pantaloni sono nuovi.

Che pantaloni stretti!

Non sono molto stretti. Questi sono blu jeans italiani *Fiorucci*. Ma tu, Faye, hai un pullover e anche un cappotto. Ma non fa freddo.

Sì, fa bel tempo oggi.

Adesso fa caldo, ma dopo forse fa freddo.

Uuu, il fazzoletto.

Un momento, io prendo il fazzoletto.

RI·I·I·I·P!

Che disastro . . . i nuovi blu jeans!

Hi hi hi hi!

CONTINUA

PAROLE NUOVE.

adesso	now
ancora	still
cercare	to look for
cerco	I look for
dopo	after, later
elegante	elegant
forse	perhaps
ragazze	girls
stretto	tight

Che disastro!	What a disaster!
fa bel tempo	it's lovely weather
fa caldo	it's hot
finalmente	finally, at last
fa freddo	it's cold
lei è in pigiama	she is in her pyjamas
queste scarpe nuove	these new shoes
un momento!	just a moment!

Fa freddo. Ho il cappotto.

I MESI

gennaio	January
febbraio	February
marzo	March
aprile	April
maggio	May
giugno	June
luglio	July
agosto	August
settembre	September
ottobre	October
novembre	November
dicembre	December

GLI INDUMENTI

i blu jeans	the jeans
i calzini	the socks
la camicia	the shirt
la camicetta	the blouse
il cappello	the hat
il cappotto	the coat
la cravatta	the tie
il fazzoletto	the handkerchief
la gonna	the skirt
il pigiama	the pyjamas
il pullover	the jumper
la scarpa	the shoe
il vestito	the dress, suit

AVANTI PARLIAMO!

A. Giorgio è bugiardo. **È un ragazzo bugiardo.**
Laura è bella. È una ragazza . . . .
Kevin è intelligente. È un . . . .
Angela è alta. . . . .
Faye è piccola. . . . .
Dario è contento. . . . .
Salvatore è forte. . . . .
Salvatore? Chi è Salvatore?

È un ragazzo alto.

AVANTI PARLIAMO!

B. Laura è bugiarda?   **No, non è una ragazza bugiarda.**
Dario è alto?   No, non è un . . . .
Angela è bassa?   . . . .
Kevin è forte?   . . . .
Faye è stupida?   . . . .
Giorgio è elegante?   . . . .
Sì, Giorgio è sempre elegante!!

C. Hai un vestito rosso?   **No, ho un vestito grigio.**
Hai una cravatta verde?   No, ho . . . . .nera.
Hai un cappotto marrone?   . . . . azzurro.
Hai una gonna bianca?   . . . . gialla.
Hai un pullover arancione? . . . . .verde.
Hai una camicetta viola?   . . . . .rosa.

> È una camicetta
> stretta.

D. Dov'è la scarpa?   **Ecco una scarpa.**
Dov'è il vestito?   Ecco un . . . .
Dov'è il pullover?   Ecco . . . .
Dov'è la gonna?   . . . .
Dov'è il cappello?   . . . .
Dov'è la camicetta?   . . . .
Dov'è la cravatta?   . . . .
Dov'è il pigiama?   . . . .

E. È una gonna stretta.   **Che disastro! La gonna è stretta.**
È un cappotto stretto.   . . . . Il cappotto è stretto.
È un pullover stretto.   . . . . .è stretto.
È un pigiama stretto.   . . . . stretto.
È una camicetta stretta.   . . . .
È una camicia stretta.   . . . .

F. Fa freddo oggi?   **No, fa caldo.**
Fa freddo adesso?   No, ...
Fa freddo a Roma?   No, ...
Fa freddo a Perth?   . . . .
Fa freddo adesso?   . . . .
Fa freddo a Alice Springs? . . . .

> Fa freddo.

> No, fa caldo.

G. Prendi un fazzoletto!   **Ecco il fazzoletto.**
Prendi un vestito!   Ecco il . . . .
Prendi una limonata!   Ecco la . . . .
Prendi un astuccio!   . . . .
Prendi un rossetto!   . . . .
Prendi una collana!   . . . .
Prendi lo zucchero!   . . . .
Prendi un pigiama!   . . . .

AVANTI ASCOLTIAMO!

To complete these exercises you must listen to Programme 10 on ABC Radio.

A.

Non trovo

_____ !!

What can't Laura find? Circle the item she says.

Modello:

il cappello	(i blu jeans)	**il cappotto**	**la cravatta**
1. i calzini	il fazzoletto	il vestito	la gonna
2. il pullover	il pigiama	il cappello	il fazzoletto
3. il pigiama	la gonna	il pullover	il cappello
4. il cappotto	i calzini	la scarpa	il vestito
5. il vestito	la scarpa	il fazzoletto	il cappotto
6. il cappello	il cappotto	la cravatta	la gonna
7. la scarpa	i calzini	il cappotto	la gonna
8. il pullover	il pigiama	il cappotto	la cravatta

B. Tick the expression you hear.

Modello:

Laura è pronta? ☑

Laura non è pronta. ☐

1. Mi dispiace ragazze. ☐

   Mi dispiace ragazzi. ☐

2. Non trovo il cappotto. ☐

   Non trovo il cappello. ☐

3. Non è una gonna verde. ☐

   No, è una gonna verde. ☐

4. Adesso sono pronta. ☐

   Adesso non sono pronta. ☐

5. Questa gonna è marrone? ☐

   Questa gonna è marrone. ☐

6. Queste scarpe nuove. ☐

   Questa scarpa nuova. ☐

7. È la camicetta bianca. ☐

   È la camicetta bianca? ☐

8. Fa molto freddo. ☐

   Fa molto caldo. ☐

A. Write a description of the things or people next to the drawings below.

Modello:

Questa è una gonna stretta.

Questo è un ragazzo alto.

1. Questo è _____

2. Questa è _____

3. Questa è _____

4. _____

5. _____

6. _____

7. _____

8. _____

9. _____

10. _____

B. Match the opposites by matching the numbers.

bello (1)   chiudi ( )   stupido (5)   piccolo ( )   nuovo (10)   sto bene ( )

triste ( )   contento (2)   sto male (8)

basso ( )   brutto ( )   grande (3)   alto (6)   cattivo ( )   nero ( )

bianco (7)   apri (9)   vecchio ( )

bravo (4)   intelligente ( )

AVANTI SCRIVIAMO!

C. Write down if it's hot or cold in Italy during certain months:

Modello:

Fa freddo in _____ gennaio.

Fa caldo in _____ agosto.

1. _____ giugno.   4. _____ luglio.

2. _____ febbraio.   5. _____ settembre.

3. _____ dicembre.   6. _____ marzo.

Now write about the weather where you live:

1. _____ agosto.   3. _____ febbraio.

2. _____ gennaio.   4. _____ luglio.

D. Colour in Giorgio and Angela's clothes according to the colours listed below.

camicia — viola
camicetta — arancione
cravatta — grigia
cappello — rosso
gonna — nera
scarpe — rosse
pullover — giallo
cappotto — azzurro
pantaloni — verdi
calzini — viola
fazzoletto — rosa

Sono eleganti? _____

Now list below each item of clothing in Italian. For each item use the correct indefinite article (**un**, **una** or **un'**).

Modello:

Una scarpa

_____ _____

_____ _____

_____ _____

AVANTI SCRIVIAMO!

D. Each person is saying that what he/she is wearing is **too** . . .!
Write in the bubble what each person is saying. Choose from the words below.

la gonna — **brutta** — **vecchio** — **stretta** — **il cappotto** — **il pigiama** — **grande**
il pullover — **piccolo** — **la camicia** — **il vestito** — **lungo**.   Each word is used only once.

Modello:

Il cappello è troppo grande.

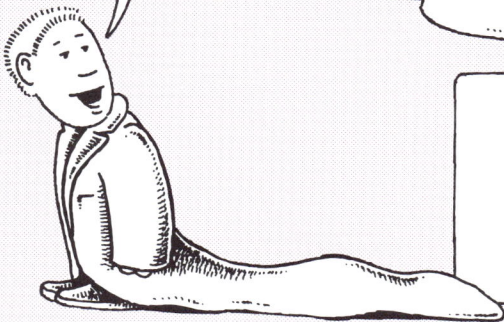

GIOCHIAMO...

DOV'È L'ALTRO?

This is a game of concentration. Students have to guess or remember where the matching card is.

You will need 20 cards, 10 with drawings, 10 with the Italian words for these things. Each card is numbered on the back. The cards are then arranged on a board with the numbers showing. Students begin guessing: **numero 7 e numero 20**. These cards are turned over for all to see and if they don't match they are turned back again. Anyone who correctly matches the cards removes them from the board and keeps them. The winner is the one who has the most cards at the end.

This game is easily adapted for team play. A bigger board with more numbers could be used for later games.

SUONI NUOVI

ga   go   gu   ghi   ghe

gi   ge

Il canguro Gigino gioca a biliardino. Giuseppe gioca male ma Gigino gioca bene.

Write down some phrases using these words. Then practise saying them:
buongiorno, giovedì, gesso, oggi, gomma, riga, leggi, pomeriggio, grigio, giallo

Modello:

Il gesso è giallo.   Oggi è giovedì.

HOW ITALIAN WORKS.

A. Italians use the word **fa** when describing the weather.

Fa freddo.	It's cold.
Fa caldo.	It's hot.
Fa bel tempo.	It's fine weather.
Fa brutto tempo.	It's bad weather.

When you are not talking about the weather, use **è** to say it's . . .
e.g. **Bevi la limonata! È fredda.**
      Drink the lemonade! It's cold.

B.

Masculine	Feminine
un treno	**una** formula
un limone	**una** classe
un anno	**un'** aula

The Italian word for a, an with a masculine noun is **un**. With a feminine noun, use **una**. With a feminine noun beginning with a vowel, use **un'**.

CAPITOLO UNDICI.
IL LUNA PARK.

It's Sunday afternoon. The gang is outside Luna Park waiting for Dario!

Che bocca grande!

Sì, è grande come la bocca di Giorgio.

No, come la bocca di Angela. Ma siamo in ritardo. Sono le due. Dov'è Dario?

Dario è sempre in ritardo. Perchè aspettiamo? Andiamo senza Dario.

No, no, non siamo in ritardo. Aspettiamo!

Ciao a tutti. Mi dispiace, non ho l'orologio. Che ore sono?

Dario, sei in ritardo. Sono le due.

Mi dispiace, ma il treno . . .

Va bene, va bene. Andiamo.

Avanti . . . avanti . . . C'è un ragazzo forte? . . Avanti!

Giorgio è forte.

Sì, sì, avanti Giorgio. Tu sei forte. Forza . . . Coraggio . . .

Avanti Giorgio. Noi compriamo il biglietto.

MOLTO FORTE

FORTE

DEBOLE

Va bene. Va bene.

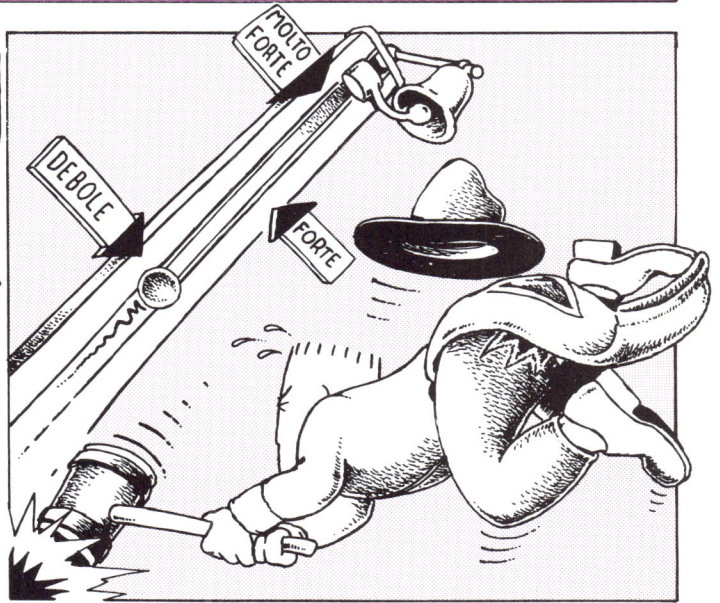

PAROLE NUOVE.

andiamo	we go, let's go!
aspettiamo	we wait for, let's wait!
il biglietto	the ticket
la bocca	the mouth
caro	dear
come	like, as
coraggio	courage
fortunato	lucky
impossibile	impossible
la lettera	the letter
il luna park	luna park
noi	we
l'orologio	the watch, the clock
perchè?	why?
perchè	because
provo	I try
ridi	you laugh
ridiamo	we laugh
senza	without
siamo	we are
il treno	the train
vediamo	we see, let's see!

Che bocca grande!	What a big mouth!
Che ore sono?	What time is it?
Sono le due	It's two o'clock
Forza!	Come on!
Un momento!	Just a moment!

SUONI NUOVI

G N

Og**n**i Giu**gn**o
La lava**gn**a
Si**gn**or Ba**gn**i
Si**gn**ora Gudo**gn**a
Campa**gn**a

La Si**gn**ora Gudo**gn**a è una la**gn**a.
Og**n**i giu**gn**o il Si**gn**or Ba**gn**i va in campa**gn**a.
La Si**gn**ora Cico**gn**a inse**gn**a e scrive alla lava**gn**a.

AVANTI PARLIAMO!

A. Giorgio, bocca   **La bocca di Giorgio.**
Laura, libro   Il libro di Laura.
Angela, gelato   . . . .
Faye, penna   . . . .
Kevin, limone   . . . .
Laura, collana   . . . .
Giorgio, astuccio   . . . .
Dario, zucchero   . . . .
Angela, astuccio   . . . .
Giorgio, cartella   . . . .

Who owns what around here?

B. È questo il libro di Laura?   **Sì, è il libro di Laura.**
È questa la penna di Faye?   Sì, è la penna di Faye.
È questo il rossetto di Angela?   Sì, ...
È questa la matita di Kevin?   . . . .
È questo l'astuccio di Dario?   . . . .
È questa l'acqua di Faye?   . . . .
È questa la lettera di Laura?   . . . .
È questo Il treno di Dario?   . . . .
È questo l'asino di Salvatore?   . . . .

Salvatore??!! Chi è Salvatore??

C. Che ore sono?
(2)   **Sono le due.**
(6)   . . . .
(7)   . . . .
(4)   . . . .
(3)   . . . .
(9)   . . . .
(5)   . . . .
(11)   . . . .
(8)   . . . .
(10)   . . . .

Sono le dieci? Siamo in ritardo.

Just what time **is** it?

D. Perchè aspettiamo sempre?   **Ma noi non aspettiamo sempre.**
Perchè ridiamo sempre?   Ma noi non . . . .
Perchè andiamo sempre?   Ma . . . .
Perchè dormiamo sempre?   . . . .
Perchè studiamo sempre?   . . . .
Perchè leggiamo sempre?   . . . .
Perchè ascoltiamo sempre?   . . . .
Perchè parliamo sempre?   . . . .
Perchè scriviamo sempre?   . . . .

Perchè non vediamo Salvatore? Non lo so!

What are we doing this for?

AVANTI PARLIAMO!

E. Io non leggo il libro.   **Va bene, noi leggiamo il libro.**
Io non compro il biglietto   Va bene, noi compriamo il biglietto.
Io non suono la campana.   Va bene, noi . . . .
Io non invento la formula.   Va bene, ...
Io non trovo la penna.   . . . .
Io non chiudo la finestra.   . . . .
Io non apro la porta.   . . . .
Io non studio l'inglese.   . . . .
Io non metto il cappotto.   . . . .
Uffa, sono stanco.   *Va bene, dormiamo.*

O.K. then, we'll do it.

F. Tu sei bravo e io sono bravo.   **Sì, siamo bravi.**
Tu sei timida e io sono timida.   Sì, siamo timide.
Tu sei piccolo e io sono piccolo.   Sì, siamo . . . .
Tu sei alta e io sono alta.   Sì, ...
Tu sei felice e io sono felice.   . . . .
Tu sei stanca e io sono stanca.   . . . .
Tu sei triste e io sono triste.   . . . .
Tu sei cattivo e io sono cattivo.   . . . .
Tu sei forte e io sono forte.   . . . .

LO SAI CHE...

La festa (the festival), is a traditional part of the Italian way of life. In cities and villages all over the country, local inhabitants set aside at least one special day every year to go out in the streets and squares to celebrate. Many of the **feste** date back hundreds of years.

In many places there is a festa called **Carnevale** which is celebrated in the week before Lent. Each town has its special way of celebrating Carnevale. In Rome, for example, children dress up in the costumes of characters such as Harlequin or Superman and parade up and down the main street. In **Viareggio** there is a parade of floats which are huge papier mâchè caricatures of famous people. Be careful if you take to the streets during Carnevale; you could be hit by a flower bomb or bopped on the head by a plastic baseball bat!

The little town of **Toro** has its annual *Festival of the Banquet*. The locals sit

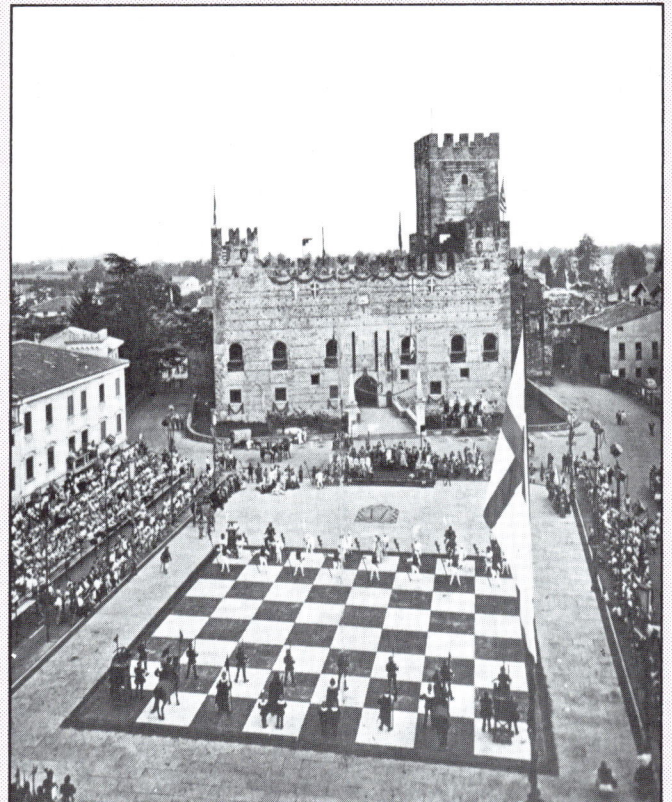

The life-size chess game at Marostica.

LO SAI CHE...

La Festa di Sant'Agata, Catania.

A large float called "cero".

down to a lavish banquet with a choice of thirteen dishes, washed down with plenty of home-made wine. This festival originated many years ago when the people of Toro prepared this special meal for all the poor people of the town.

In the town of **Marostica** a rather unusual chess game is played every two years. **La piazza** (the main square) is laid out as a gigantic chess board, and people play the part of the pieces. Two young men order the moves, which are announced by a herald in medieval costume. This game recalls how, once upon a time, the daughter of a local nobleman solved a serious problem of love. She had two suitors and just couldn't choose between them. So it was decided that a friendly game of chess, rather than a duel, would be a less dangerous way of settling the dispute.

Every town and city has at least one religious festival, during which a religious statue or figure is carried through the town. **Catania**'s famous **Festa di Sant'Agata** is a very colourful procession.

The different tradesmen's associations parade down the main streets, each with a large float. Like most festivals the celebration finishes with a spectacular display of fireworks.

This shop window shows some of the costumes children wear for Carnevale.

Find out about any local Italian festivals celebrated in your State.

A. Write in the verb suggested by the drawing. Say that we are doing the action.

Modello:

Guardiamo _____ la televisione.

Vendiamo _____ i gelati.

1. _____ la limonata.

2. _____

3. _____ la formula segreta.

4. _____ la chitarra.

5. _____ la professoressa.

6. _____ in classe.

7. _____ il pianoforte.

B. Change the verbs in the following sentences into the plural.

Modello:

Apro la finestra.

Apriamo la finestra.

1. Bevo l'acqua.

_____

2. Vendo la limonata.

_____

3. Guardo la televisione.

_____

4. Chiudo la porta.

_____

5. Trovo la formula segreta.

_____

6. Suono la chitarra.

_____

7. Scrivo la lettera.

_____

8. Aspetto il treno.

_____

AVANTI SCRIVIAMO!

C. Answer these questions, basing your answers on **Il Luna Park** (see pages 110, 111).

Modello:

Giorgio ha la bocca grande o piccola?

Giorgio ha la bocca grande.

1. Sono le due o sono le quattro?

   _____

2. Dario è in tempo o in ritardo?

   _____

3. Kevin ha coraggio o non ha coraggio?

   _____

4. Dario ha l'orologio o non ha l'orologio?

   _____

5. Kevin è fortunato o forte?

   _____

6. Giorgio è contento o triste?

   _____

D. Match these sentences with the drawings below.

Che bocca grande!
Finalmente! Sei in ritardo.
Mi dispiace, ma il treno . . .
Suona la campana!
Perchè ridi?
Basta! Basta!

AVANTI SCRIVIAMO!

E. Choose an exclamation from the list below and write it as a response to the following sentences.

Uffa! Sono stanco.   **Un momento!**   **Fortunato!**   **Forza, coraggio!**
Mi dispiace!   **Impossibile!**   **Che miracolo!**   **Va bene!**

Modello:

Ma Dario, sei in ritardo.

Mi dispiace!

1. Sono ricco. Ho dieci dollari.

   _____

2. Sono timida. Non parlo italiano.

   _____

3. Andiamo a Luna Park.

   _____

4. Giorgio è modesto.

   _____

5. Suoniamo la sinfonia di Beethoven.

   _____

6. Presto! Dammi la gomma.

   _____

7. Chiudi la porta, Giorgio.

   _____

8. La classe è finita.

   _____

F. Write in the correct form of the verb.

   Modello:

   Tu (comprare) _compri_ un gelato.

   Noi (ridere) _ridiamo_ sempre.

1. Io (vedere) _____ l'orologio.

2. Noi (dormire) _____ sempre.

3. Tu (studiare) _____ l'italiano.

4. Noi (leggere) _____ il libro.

5. Tu (vendere) _____ il biglietto.

6. Faye e io (mangiare) _____ il gelato.

7. Io (essere) _____ molto cattivo.

8. Giorgio e io (trovare) _____ le scarpe.

9. Tu (guardare) _____ la ragazza.

10. Kevin e io (prendere) _____ la sedia.

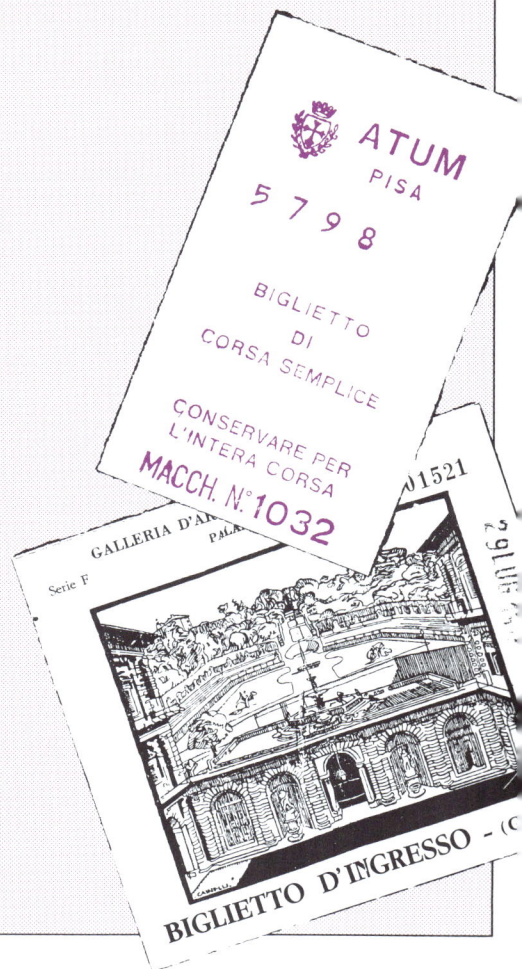

CANZONE.

CARNEVALE.

È tempo di Carnevale
Scherzare e mangiare
È tempo di passeggiare
Mi piace il Carnevale

È tempo di andare in città
Con gli amici passeggiare
È tempo di scherzare
Perchè è Carnevale

Si dice che a Carnevale
Ogni scherzo vale
Si dice che a Carnevale
È tempo di ballare

Vedere i carri passare
Grandi maschere sfilare
Bambini vestiti in costume
La gente che sembra un fiume

Ed ecco una bambina
Vestita da Colombina
E un bambino furbone
Vestito da Pantalone

Mi piace andare in città
Quando è tempo di Carnevale
Mi piace cantare e ballare
Con gli amici passeggiare

Ed ora c'è un bambino
Vestito da Arlecchino
I colori del suo vestito
Sono gialli verdi e blù.

LA FAMIGLIA DI LAURA.

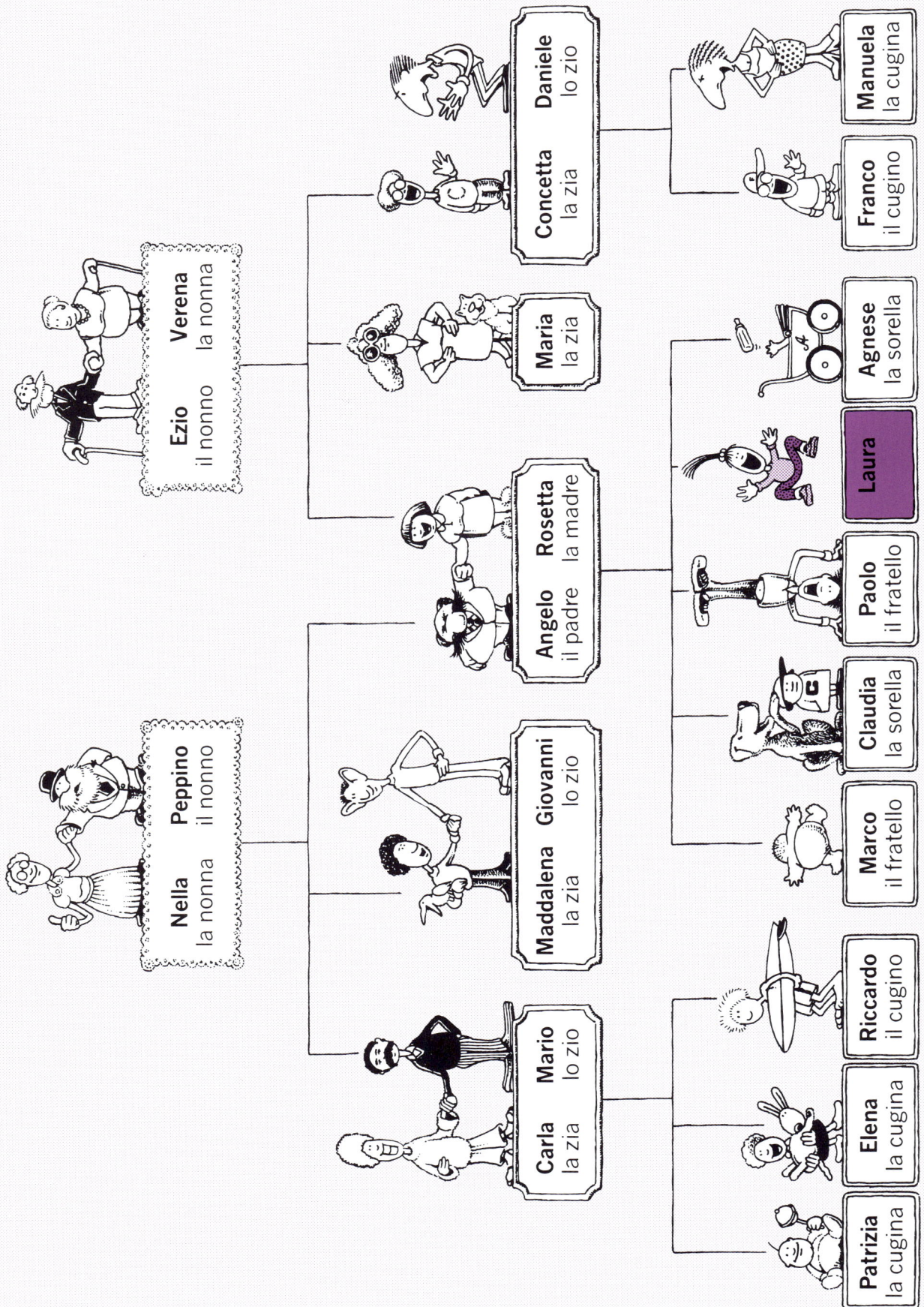

Ezio
il nonno

Verena
la nonna

Peppino
il nonno

Nella
la nonna

Concetta
la zia

Daniele
lo zio

Maria
la zia

Angelo
il padre

Rosetta
la madre

Maddalena
la zia

Giovanni
lo zio

Carla
la zia

Mario
lo zio

Manuela
la cugina

Franco
il cugino

Agnese
la sorella

Laura

Paolo
il fratello

Claudia
la sorella

Marco
il fratello

Riccardo
il cugino

Elena
la cugina

Patrizia
la cugina

LA FAMIGLIA DI LAURA.

la madre	the mother	**la cugina**	the cousin (female)
il padre	the father	**il cugino**	the cousin (male)
la sorella	the sister	**la nonna**	the grandmother
il fratello	the brother	**il nonno**	the grandfather
la zia	the aunt	**la nipote**	the niece, the granddaughter
lo zio	the uncle	**il nipote**	the nephew, the grandson

Chi è?	Who is?	e.g. **Chi è Giorgio**?	Who is Giorgio?
Quanti?	How many?	e.g. **Quanti fratelli hai**?	How many brothers do you have?
Quante?	How many?	e.g. **Quante sorelle hai**?	How many sisters do you have?

A. Study Laura's family tree then complete the following sentences:

1. Paolo è il fratello di Laura; Agnese è la sorella di Laura.

   Marco è _____ di Laura; Claudia è _____ di Laura.

2. Quanti fratelli ha Laura? Laura ha due fratelli.

   Quante sorelle ha Laura? Laura ha _____

3. Quanti fratelli ha Marco? _____

4. Franco è il cugino di Laura; Elena è la cugina di Laura.

   Riccardo è _____ di Laura; Patrizia è _____ di Laura.

5. Quanti cugini ha Laura? Laura ha due cugini.

   Quante cugine ha Laura? _____

6. Angelo ha cinque figli; due ragazzi e tre ragazze.

   Rosetta ha _____ ; _____

7. Il padre di Laura si chiama _____

   La _____ di Laura si _____ Rosetta.

8. Il marito di Rosetta si chiama _____

   Il marito di _____ si chiama Daniele.

9. La moglie di _____ Carla.

   La _____ di Ezio _____ Verena.

10. Peppino è il nonno di Laura. Anche Ezio _____

    Nella è la nonna di Laura. Anche Verena _____

11. Quanti zii ha Laura? Laura ha _____

    Quante zie ha Laura? _____

B. Answer these questions:

Modello:

Chi è il padre di Laura? _Angelo è il padre di Laura._

1. Chi è il padre di Maddalena? _____
2. Chi è la moglie di Peppino? _____
3. Chi è il marito di Concetta? _____
4. Chi è la nonna di Elena? _____
5. Chi è la nonna di Manuela? _____
6. Chi è il nonno di Riccardo? _____
7. Chi è il figlio di Concetta? _____
8. Chi è il figlio di Daniele? _____
9. Chi è Salvatore? _____

C. *Modello:*

Quanti fratelli ha Maddalena? _Maddalena ha due fratelli._

1. Quanti nipoti ha Carla? _____
2. Quanti nipotini ha Ezio? _____
3. Quante zie ha Franco? _____
4. Quanti zii ha Patrizia? _____
5. Quante nonne ha Laura? _____
6. Quante mogli ha lo sceicco di Bagdad? _____

D. Make your own family tree and don't forget to include under each name what relation each person is to you.

In Italian of course!

HOW ITALIAN WORKS.

A.

Comprare	To buy	Ridere	To laugh
compro	I buy	**rido**	I laugh
compri	you buy	**ridi**	you laugh
compriamo	we buy	**ridiamo**	we laugh

The Italian way of telling that it is <u>we</u> who <u>are</u> doing an action is the **-iamo** ending on the verb. e.g.

parl**iamo**	we speak, we are speaking
prend**iamo**	we take, we are taking
vend**iamo**	we sell, we are selling
stud**iamo**	we study, we are studying

● Notice that the **-iamo** ending replaces the **-are** or **-ere** ending of the infinitive.
● Sometimes the pronoun **noi** (we) is used but it is not necessary. e.g.

noi guard**iamo**	we look
guard**iamo**	we look
noi mett**iamo**	we put
mett**iamo**	we put

● Sometimes the **-iamo** ending means <u>let us</u> or <u>let's do</u> something. e.g.

Non siamo in ritardo. Aspettiamo!
We're not late. Let's wait!

Va bene, abbiamo fame. Mangiamo!
O.K., we're hungry. Let's eat!

B.

Avere	To have	Essere	To be
ho	I have	**sono**	I am
hai	you have	**sei**	you are
ha	he/she has	**è**	he/she is
abbiamo	we have	**siamo**	we are

C.

La bocca di Giorgio.	George's mouth.
La penna di Faye.	Faye's pen.
L'orologio di Giorgio.	George's watch.
Lo zucchero di Dario.	Dario's sugar.

● Notice that in Italian there is no such thing as a **'s** at the end of a word to say who owns something. You always have to use the word **di** which means <u>of</u>. So, to say **Laura's leg** you say
la gamba di Laura   the leg of Laura.

D. Remember! If you are writing a verb, the verb ending is what tells you who is doing the action. The **-o** ending tells you that <u>I am</u> doing something. The **-i** ending tells you that <u>you are</u> doing something. In these cases you don't need **sono** or **sei** to give the idea of <u>I am</u> or <u>you are</u>.
e.g.

Sono contento.	I am happy.
Parlo italiano.	I am speaking Italian.
Sei timida.	You are shy.
Compri tutto.	You are buying everything.

E.

The definite article — the	
masculine	feminine
il	**la**
l'	**l'**
lo	

Lo is used for masculine singular nouns beginning with **z** or
s + consonant. e.g.

lo zucchero	the sugar
lo specchio	the mirror

What about the word for <u>a</u>, <u>an</u> with these words?

Easy! You use **uno**. e.g.
uno specchio
a mirror.

Grazie.

AVANTI! 123

CAPITOLO DODICI.
IL LUNA PARK.

. . . Siamo sempre a Luna Park di domenica pomeriggio.

Ah! Ecco, la Barca dell'Amore! Andiamo, Kevin?

LA BARCA DELL'AMORE

Uuu. Andiamo, Kevin.

No, no, non abbiamo tempo.

Sì, sì, abbiamo tempo. Hai paura? Kevin ha paura di Angela.

No, no, non ho paura. Non mi piace, ecco!

Kevin!!!

Non ti piace Angela?

Sì, sì. Mi piace Angela.

LA BARCA DELL'AMORE

UUUUUUU!!!!! Hi! Hi! Hi!

Non mi piace l'acqua.
Non mi piace questa barca.
Non mi piace . . .

Ho fame!

Anch'io ho fame.

Anch'io.

Anch'io.

Anch'io.

Va bene, abbiamo fame. Andiamo a mangiare.

PAROLE NUOVE.

abbiamo	we have
abito	I live
l'amore	love
la barca	the boat
beviamo	we drink, let's drink!
compriamo	we buy, let's buy!
il centesimo	the cent
dunque	well, then
la fame	the hunger
la frittella	the doughnut
fuori	outside
mangiamo	we eat, let's eat!
mangiare	to eat
il panino	the bread roll
la patatina	the potato chip
la paura	the fear
per	by, for
prendiamo	we take, let's take!
la sete	the thirst
il tempo	the time

anch'io	me too
la Barca dell'Amore	the Love Boat
abbiamo fame	we're hungry
ho fame	I'm hungry
ho freddo	I'm cold
ho sete	I'm thirsty
hai paura?	are you afraid?
mi piace	I like, I like it
ti piace	you like, you like it
il Treno degli Orrori	the Ghost Train

SUONI NUOVI

Practise saying:

chi che ghi ghe
ci ce gi ge

A — Chi c'è?
B — C'è Gigi.
A — Gigi Ceschina?
B — No Gigi Giorgioni!
A — Che nome!

I Numeri 20-50

venti	20
ventuno	21
ventidue	22
ventitrè	23
ventiquattro	24
venticinque	25
ventisei	26
ventisette	27
ventotto	28
ventinove	29
trenta	30
trentuno	31
trentadue	32
trentatrè	33
trentotto	38
quaranta	40
quarantuno	41
quarantatrè	43
quarantotto	48
quarantanove	49
cinquanta	50

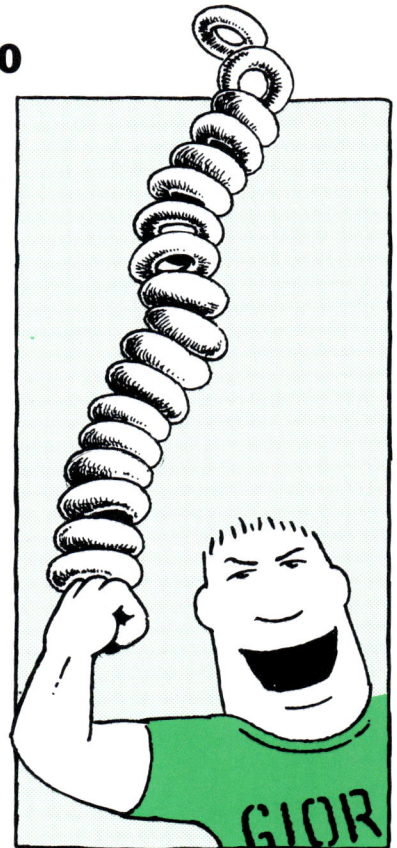

● What have you noticed about 23, 33, 43 etc.?

_____

_____

● What have you noticed about 21, 28, 31, 38 etc.?

_____

● Numbers are not adjectives, so you don't have to worry about making them 'agree'. e.g.
ventidue ragazzi, ventiquattro ragazze.

AVANTI PARLIAMO!

A. Ecco la patatina!   **Ecco le patatine!**
Ecco il panino!   Ecco i panini!
Ecco la frittella!   . . . . !
Ecco il gelato!   . . . . !
Ecco il treno!   . . . . !
Ecco la campana!   . . . . !
Ecco il biglietto!   . . . . !
Ecco la bottiglia!   . . . . !
Ecco il limone!   . . . . !
Ecco la classe!   . . . . !
Ecco il quaderno!   . . . . !
Ecco la sedia!   . . . . !
Ecco la barca!   . . . . !
Ecco il centesimo!   . . . . !

Can't you see there are more than one!?

B. Ti piace il gelato?   **Sì, mi piace molto.**
Ti piace il panino?   Sì, mi piace . . . . .
Ti piace la frittella?   . . . .
Ti piace la coca-cola?   . . . .
Ti piace il Treno degli Orrori?   . . . .
Ti piace Angela?   . . . .
Ti piace Dario?   . . . .
Ti piace la Barca dell'Amore?   . . . .
Ti piace lo zucchero?   . . . .
Ti piace la cassata?   . . . .
Ti piace Salvatore?   . . . .

Salvatore? Chi è? Chi è?

I really like it!

C. Ho fame.   **Anch'io ho fame.**   *Me too.*
Ho sete.   . . . .
Ho paura.   . . . .
Ho freddo.   . . . .
Ho caldo.   . . . .
Ho tredici anni.   . . . .
Ho cinque dollari.   . . . .
Ho la bocca grande.   . . . .

Ah, sì? Hai la bocca grande? He, he, he.

D. Ho paura.   **Anche noi abbiamo paura.**
Ho tredici anni.   . . . .
Ho fame.   . . . .
Ho caldo.   . . . .
Ho freddo.   . . . .
Ho sei dollari.   . . . .
Ho sete.   . . . .
Ho la bocca grande.   . . . .

AVANTI PARLIAMO!

Ready for a quick counting by fives?

E. Cinque più cinque **fa** dieci
    più cinque . quindici
    più cinque . . . .
    più cinque . . . .
    più cinque . . . .
    più cinque . . . .
    più cinque . . . .
    più cinque . . . .
    più cinque **cinquanta!**

F. Ti piace Giorgio?   **Sì mi piace.**
                            No, non mi piace.

Ti piace Faye? . . . .

Ti piace Fra Martino? . . . .

Ti piace Dario? . . . .

Ti piace l'asino? . . . .

Ti piace Laura? . . . .

Ti piace Angela? . . . .

Ti piace Kevin? . . . .

Ti piace Salvatore? . . . .

. . . .

Salvatore? Salvatore? Chi è? Chi è?

Make your mind up. Do you like them or not?

G. Io bevo la coca-cola.   **Anche noi beviamo la coca-cola.**
    Io mangio le patatine. . . . .
    Io prendo il treno. . . . .
    Io arrivo in ritardo. . . . .
    Io prendo tre frittelle. . . . .
    Io aspetto Dario. . . . .
    Io sono in tempo. . . . .
    Io suono la campana. . . . .
    Io rido molto. . . . .
    Io guardo la televisione. . . . .
    Io parlo italiano. . . . .
    Io suono la chitarra. . . . .
    Io arrivo in tempo. . . . .
    Io mangio le frittelle. . . . .

. . . so do we.

AVANTI PARLIAMO!

H. Due per due **fa quattro.**

$2 \times 2 = 4$
$5 \times 2 = \text{dieci}$
$6 \times 3 = \ldots\ldots$
$7 \times 4 = \ldots\ldots$
$8 \times 6 = \ldots\ldots$
$10 \times 5 = \ldots\ldots$

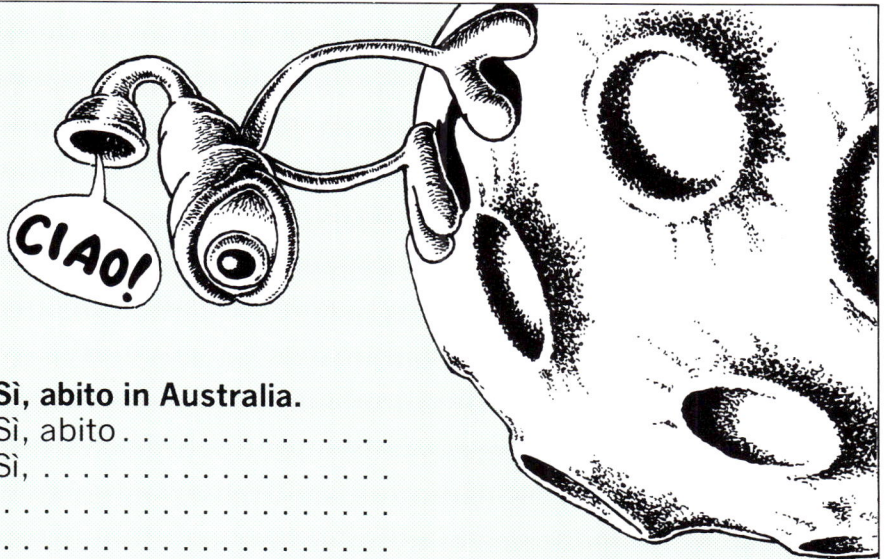

I.
Abiti in Australia?	**Sì, abito in Australia.**
Abiti in città?	Sì, abito . . . .
Abiti a Sydney?	Sì, ...
Abiti in un appartamento?	. . . .
Abiti a Brisbane?	. . . .
Abiti in una casa?	. . . .

AVANTI SCRIVIAMO!

A. Complete the following, using one of these expressions: **ho, hai, ha, abbiamo.**

Modello:

Io <u>ho venti dollari.</u> ($20)

Lei <u>ha paura.</u> (afraid)

Noi <u>abbiamo tredici anni.</u> (13 years old)

1. Io _____ (afraid)

2. Noi _____ ($20)

3. Angela _____ (big mouth)

4. Tu _____ (afraid)

5. Lui _____ ($20)

6. Noi _____ (hungry)

7. Dario _____ (hungry)

8. Noi _____ (thirsty)

9. Tu _____ (13 years old)

10. Lei _____ (thirsty)

11. Giorgio _____ (13 years old)

12. Io _____ (big mouth)

AVANTI SCRIVIAMO!

B. Put the singular definite article (**il, l', lo, la**) in front of these nouns.

Modello:

_il_ ragazzo

1. _____ zio
2. _____ amore
3. _____ paura
4. _____ panino
5. _____ tempo
6. _____ cane
7. _____ zia
8. _____ aula
9. _____ patatina

C. Put the plural definite articles (**i** or **le**) in front of the following nouns:

Modello:

_le_ patatine

_i_ panini

1. _____ frittelle
2. _____ treni
3. _____ biglietti
4. _____ bottiglie
5. _____ libri
6. _____ banchi
7. _____ limoni
8. _____ gelati
9. _____ campane
10. _____ bocche
11. _____ sedie
12. _____ matite
13. _____ pomeriggi
14. _____ classi
15. _____ barche

D. Label these drawings making sure you use the correct definite article.

Modello:

_____ i gelati _____

_____ la maestra _____

 _____

 _____

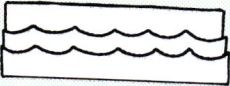 _____

 _____

 _____

 _____

 _____

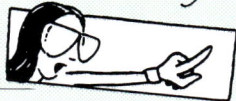 _____

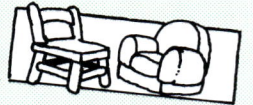 _____

 _____

 _____

 _____

 _____

 _____

AVANTI SCRIVIAMO!

E. Write sentences beginning with **Mi piace** or **Non mi piace**, telling whether or not you like the people and objects in the drawings.

Modello:

Mi piace Giorgio.   or   Non mi piace Giorgio.

_____   _____

_____   _____

_____   _____

_____   _____

_____

F. The pictures and the arrows tell you who owns what.
Write Italian sentences with this information:

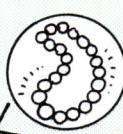

Modello:

La frittella è di Giorgio.   4. _____

1. _____   5. _____

2. _____   6. _____

3. _____   7. _____

AVANTI SCRIVIAMO!

G. Draw and colour in the objects according to the descriptions.

L'acqua è azzurra.

La porta è nera.

La bottiglia è verde

La finestra è marrone.

La rosa è rosa.

La collana è gialla e rosa.

Il rossetto è rosso.

La cassata è bianca, gialla e marrone.

L'asino è grigio e bianco.

La bandiera italiana è verde, bianca e rossa.

AVANTI SCRIVIAMO!

H. Above there are six of Dario's relatives. By reading the description below you'll be able to work out who they are. Then write their names near each drawing. Be sure to write what relation each is, before the name, e.g. **La zia Carmela**.

- Il nonno di Dario non è vecchio. È molto ricco ed elegante, ma è timido. Si chiama Carlo.

- Dario ha due cugine. La cugina Emilia è simpatica, alta e modesta. Ha i capelli biondi e porta la maglia stretta. Anche la cugina Clelia ha i capelli biondi ma è bassa e grassa. Ma anche lei è bella.

- Lo zio Vittorio lavora molto. È sempre occupato e stanco. Lo zio Vittorio è francese ed è molto elegante.

- Il nonno Walter e la nonna Elisabetta sono molto simpatici. Sono inglesi. Non sono vecchi. Il nonno è alto e biondo e la nonna è bassa e anche molto forte.

AVANTI SCRIVIAMO!

I. Here are six of Angela's relatives. Write in Italian as much as you can about each one.

Modello:

Ecco la zia Matilde!
È bassa ma è contenta.
Ha i capelli neri e una bocca grande.

Il padre di Angela si chiama Filippo. È _____

_____

_____

_____

La cugina Verena è _____ .

_____

_____

_____

Il fratello di Angela ha i capelli _____ .

_____

_____

_____

La sorella si chiama Giulia. È _____

_____

_____

_____

Il cugino Antonio ha grandi _____ .
È _____

_____

_____

Ecco la zia di Angela. È _____

_____

_____

_____

AVANTI SCRIVIAMO!

I. (continued). Now answer these questions in Italian.

1. Il padre è francese? _____

2. Verena è elegante? _____

3. Antonio ha una bocca grande? _____

4. Giulia è la cugina? _____

5. La zia di Angela è contenta? _____

6. Il fratello è alto e forte? _____

J.   **in città**   **in un appartamento**   **a Sydney**   **in campagna**   **in Australia**

Complete each sentence. Use the correct form of **abitare (abito, abiti, abitiamo)** and add the words suggested by the sketch.

Modello:

Noi _abitiamo in un appartamento._____

1. Tu _____

2. Io _____

3. Noi _____

4. Io e lei _____

5. Io _____

6. Tu _____

7. Io e Mario _____

8. Tu _____

9. Io _____

LO SAI CHE...

There are many old Italian villages perched high on hill tops. The church's bell-tower is usually the highest point.

Why do you think they built their villages there?

People in Italy don't live in houses like ours.

In Australia most of us live in separate houses. Each with its own backyard fenced off from next door. In Italy most people live in a flat (**appartamento**). And even those who live in a house (**casa**) very rarely have a front garden and they have small backyards.

Italians would call our style of house **una villetta**. In Italy **villette** are mainly found in the country. Because they don't have wooden fences and yards in Italy, Italians who have come to live in Australia have made up names for them; **la iarda**, **la fenza**. These words might sound Italian but if you said them to someone in Italy he wouldn't know what you were talking about.

But we play in our backyards. Where do Italian kids play?

There are plenty of local playgrounds and sporting centres and the nearby square (**la piazzetta**) is always a favourite.

LO SAI CHE...

Some Italians live in the country (**campagna**), but most of them live in the cities (**città**) or towns (**paesi**).

Although many houses or flats in Italy may look old from the outside, you would be pleasantly surprised once you went inside. Most houses are very elegantly furnished with marbled or tiled floors and equipped with the most modern appliances.

Mi chiamo _Anna._

Ho _dodici_ anni.

Abito in campagna in una villetta.

Mi chiamo _Lorenzo._

Ho _diciotto_ anni.

Abito in città, a Firenze.
Abito in un appartamento.

Mi chiamo _Rosario._

Ho _sette_ anni.

Abito in un paese che si chiama _Ercolano_ .

Now you can draw yourself and fill in the blanks.

Mi chiamo _____

Ho _____ anni.

Abito in _____

HOW ITALIAN WORKS.

A.

Ho caldo.	I'm hot.
Ho freddo.	I'm cold.
Ho fame.	I'm hungry.
Ho sete.	I'm thirsty.
Ho paura.	I'm afraid.

In these expressions, all of which tell how you are feeling, Italian uses the <u>have</u> word **avere — ho, hai, ha, abbiamo.**
e.g.

<u>Hai</u> paura? Are you afraid?
Laura <u>ha</u> sete. Laura is thirsty.
Noi non <u>abbiamo</u> freddo. We're not cold.

But don't start using **avere** all the time. The above expressions are rather special cases.

<u>Sei</u> timida? Are you shy?
Laura <u>è</u> stanca. Laura is tired.
Noi <u>siamo</u> in tempo. We're on time.

● Don't confuse these expressions with ones about the weather.

<u>Fa</u> freddo oggi. It's cold today.
<u>Ha</u> freddo oggi. He/she is cold today.

● And then there is:
L'acqua <u>è</u> fredda oggi.
The water is cold today.

B.

abito	I live
abiti	you live

abito a . . . is used only to say what town or city you live in.
e.g.
Abito a Melbourne. I live in Melbourne.
Abito a Roma. I live in Rome.

abito in . . . is used to say what country, state or island you live in.
e.g.
Abito in Australia. I live in Australia.
Abito in Italia. I live in Italy.
Abito in Tasmania. I live in Tasmania.

And in all other cases:

Abito in città. I live in the city.
Abito in un appartamento.
I live in an apartment.

GIOCHIAMO . . .

TOMBOLA.

Now that you know the numbers up to fifty, it's time to play **Tombola** (Bingo). If you don't have a ready-made Tombola set, it's easy enough to play the game as follows:

Draw yourself a little Tombola card and write on it seven numbers between 1 and 50. Then the teacher or a student begins calling numbers in Italian and you cross off your numbers as they're called. When you've crossed off all seven, go forward to collect your fabulous prize. Of course, you will have to call back your numbers in Italian first. Now it's your turn to become the number caller for the rest of the class.

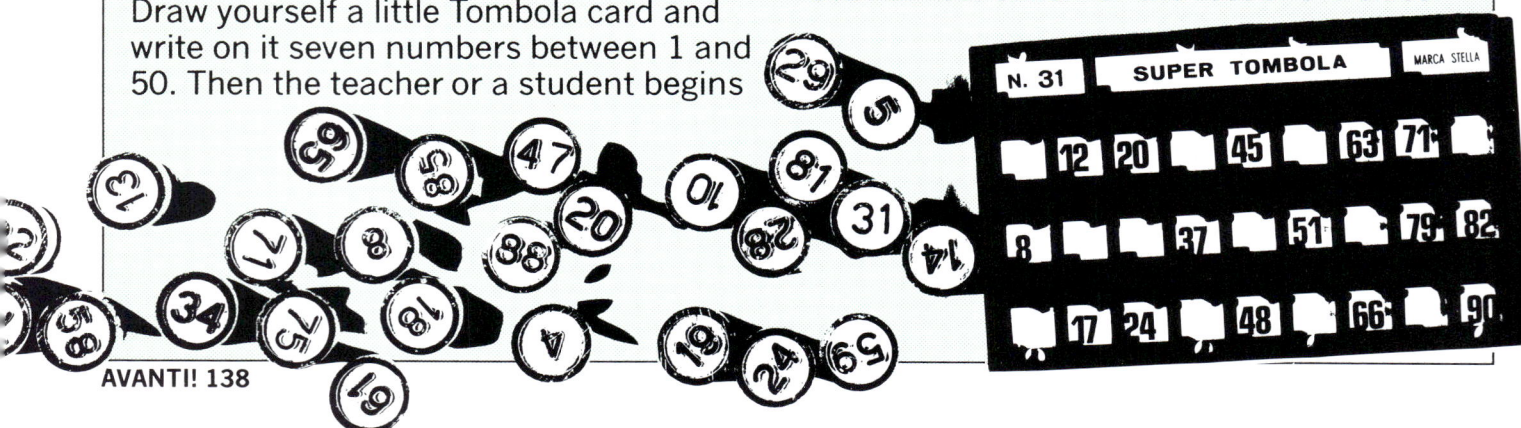

N. 31 SUPER TOMBOLA MARCA STELLA

	12	20		45		63	71
8			37		51	79	82
	17	24		48		66	90

CHE COSA DICONO?

Uffa, sono molto stanco.

Scusi, che ore sono?

Ma è pericoloso fumare.

Ma non trovo i pullover.

Sei frittelle, due panini, cinque gelati . . .

Non mangi molto!

CAPITOLO TREDICI.
IL LUNA PARK.

The gang is inside the Hall of Mirrors.

Giorgio, hai la testa grande.

Giorgio ha sempre la testa grande.

Ha! Ha! Ha! Tu hai due teste grandi. Non vedi lo specchio.

Oh, no! Ho quattro occhi, due nasi rossi, due bocche piccole. Sono brutta.

Ooooo.

Non sei brutta, Faye.

È lo specchio.

Darioooo. Hai la faccia rossa. Perchè???

Questo specchio è stupido.. Ho le gambe grasse, la pancia grassa. Tutto il corpo è grasso! Ridicolo, eh?

Ma questo specchio è normale, Laura. Sei sempre così.

Non mi piacciono questi specchi.

Uuuuu, Giorgio . . . Stupido! Asino!

Non importa. Abbiamo tutti i corpi ridicoli.

Basta, basta. Andiamo.

Avanti, ragazzi! Avanti!

Avanti, Dario! Perchè non provi tu? Forza.

Va bene, provo io.

Bravo ragazzo. Bravo.

Fortunato.

PAROLE NUOVE.

arriviamo	we arrive, let's arrive!
la bambola	the doll
così	like this, like that
grasso	fat
guardiamo	we watch, let's watch!
guidi	you drive
la macchina	the car
normale	normal
prima	first
ridicolo	ridiculous
lo specchio	the mirror
ultimo	last

Mi fa male la testa.	My head hurts.
Non importa.	It doesn't matter.
Non mi piacciono.	I don't like/ I don't like them.
Sono le cinque e mezzo.	It's half past five.
Via!	Away!/Go!

IL CORPO

la bocca	the mouth
il braccio	the arm
i capelli	the hair
il collo	the neck
il dente	the tooth
la faccia	the face
la gamba	the leg
il ginocchio	the knee
la mano	the hand
il naso	the nose
l'occhio	the eye
l'orecchio	the ear
la pancia	the belly
il piede	the foot
le spalle	the shoulders

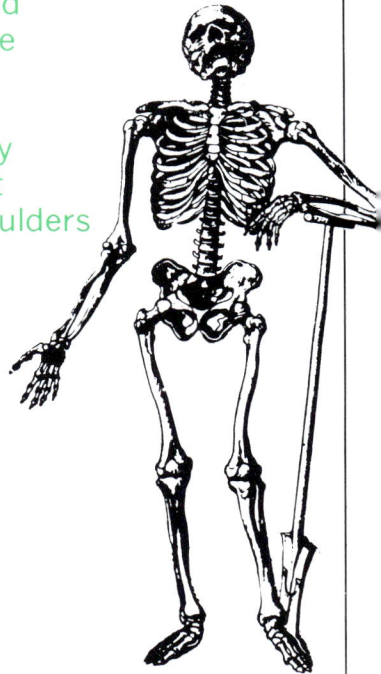

SUONI NUOVI

Ciù   ciù   ciù   ciù

Sometimes **i** isn't pronounced, it's just written. Practise these words.

Look at each word as you're saying it.

Giorgio	**già**
Giovanni	di**cio**tto
ciao	**Gia**nni
mag**gio**	**gia**llo
man**gio**	orolo**gio**
giovedì	**Ciu**ccio
giugno	**Ci**ccio
gioco	

AVANTI PARLIAMO!

So, what else is new?

A. Giorgio, hai la testa grande!
Laura, hai le gambe grasse!
Faye, hai due nasi!
Dario, hai la faccia rossa!
Laura, hai il corpo ridicolo!
Angela, hai la bocca brutta!
Kevin, hai quattro occhi!
Bambola, hai la testa di plastica!
La bambola ha sempre la testa di plastica!

Giorgio ha sempre la testa grande.
Laura ha sempre . . . .
Faye ha . . . .
. . . .
. . . .
. . . .
. . . .

Non sei brutto, è lo specchio.

B. Oh no! Ho il naso grande!
Oh, no! Ho la testa piccola!
Oh, no! Ho la bocca brutta!
Oh, no! Ho il corpo grasso!
Oh, no! Ho quattro gambe!
Oh, no! Ho la faccia ridicola!
Oh no! ho la pancia grassa!

Non hai il naso grande. È lo specchio.
. . . . È lo specchio.
. . . .
. . . .
. . . .
. . . .
. . . .

C. Sono contento oggi.
Sono timido oggi.
Sono triste oggi.
Sono stanco oggi.
Sono occupato oggi.
Sono cattivo oggi.
Sono fortunato oggi.
Sono pericoloso oggi.

Sei sempre contento.
Sei sempre . . . .
. . . .
. . . .
. . . .
. . . .
. . . .
. . . .

Sono pericoloso oggi.

D. Lui è bugiardo.
Lui è forte.
Lei è alta.
Lui è simpatico.
Lei è brava.
Lui è intelligente.
Lui è stanco.
Lei è vecchia.
Lui è noioso.
Lei è pronta.

Lei è bugiarda.
Lei è forte.
Lui è alto.
. . . .
. . . .
. . . .
. . . .
. . . .
. . . .
. . . .

E. Ragazzi, io sono contento oggi.
Ragazze, io sono occupato oggi.
Ragazze, io sono triste oggi.
Ragazzi, io sono stanco oggi.
Ragazze, io sono cattiva oggi.
Ragazzi, io sono felice oggi.
Ragazzi, io sono timida oggi.
Ragazzi, io sono forte oggi.

Anche noi siamo contenti.
Anche noi siamo occupate.
. . . . siamo tristi.
. . . .
. . . .
. . . .
. . . .
. . . .

AVANTI PARLIAMO!

It is later than you think.

F. Sono le due?　　　　　**No, sono le due e mezzo**.
Sono le cinque?　　　　. . . . . cinque e mezzo.
Sono le otto?　　　　　. . . . .
Sono le tre?　　　　　. . . . .
Sono le dieci?　　　　. . . . .
Sono le dodici?　　　　. . . . .
Sono le sette?　　　　. . . . .
Sono le undici?　　　　. . . . .
Sono le quattro?　　　. . . . .
Sono le sei?　　　　　. . . . .
Sono le nove?　　　　. . . . .
Presto, siamo in ritardo.

You like these, don't you?

G. Ti piace la bambola?　　　　**Sì, mi piace molto.**
Ti piacciono i panini?　　　　Sì, mi piacciono molto.
Ti piacciono le frittelle?　　　. . . . .
Ti piace la macchina?　　　　. . . . .
Ti piacciono Angela e Dario?　. . . . .
Ti piace Laura?　　　　　　. . . . .
Ti piacciono i treni?　　　　. . . . .
Ti piace la faccia di Giorgio?　. . . . .
Ti piacciono le gambe di Angela?　. . . . .
Ti piace la limonata?　　　　. . . . .

H. Ti piace la macchina?　　　**Sì, mi piacciono le macchine.**
Ti piace il treno?　　　　　Sì, mi piacciono i treni.
Ti piace la frittella?　　　　. . . . .
Ti piace il panino?　　　　　. . . . .
Ti piace il gelato?　　　　　. . . . .
Ti piace la barca?　　　　　. . . . .
Ti piace la cassata?　　　　. . . . .
Ti piace il limone?　　　　　. . . . .
Ti piace il week-end?　　　　. . . . .
Ah, ti piace tutto?　　　　*Sì, mi piace tutto.*

STAMPA

Ti piacciono i treni?

CANZONE.

COSA METTI?

Cosa metto sui piedi
Sui piedi cosa metto?
Sui piedi metti le scarpe
Metti le scarpe sui piedi

(Va bene metto le scarpe sui piedi)

Ma cosa metto sulle gambe
Sulle gambe cosa metto?
Sulle gambe metti i pantaloni.
Metti i pantaloni sulle gambe.

*(Dunque metto i pantaloni sulle
gambe e le scarpe sui piedi)*

Ma cosa metto sulle spalle
Sulle spalle cosa metto?
Sulle spalle metti la camicia
Metti la camicia sulle spalle.

*(Va bene metto la camicia sulle spalle
i pantaloni sulle gambe
e le scarpe sui piedi)*

Ma cosa metto sulle mani
Sulle mani cosa metto?
Sulle mani metti i guanti
Metti i guanti sulle mani.

*(È chiaro. Metto i guanti sulle mani
la camicia sulle spalle i pantaloni
sulle gambe e le scarpe sui piedi)*

Ma cosa metto sulla testa?
Sulla testa cosa metto?
Sulla testa metti il cappello
Metti il capello sulla testa.

*(Ah, metto il cappello sulla testa
i guanti sulle mani la camicia sulle spalle
i pantaloni sulle gambe le scarpe sui piedi*

Sono pronta?
No fa freddo.
Fa freddo?)

Allora, cosa metto sopra tutto?
Sopra tutto cosa metto?
Sopra tutto metti il cappotto
Metti il cappotto sopra tutto.

Va bene va bene
Vediamo se ricordi

Sui piedi metto le scarpe
Sulle gambe metto i pantaloni
Sulle spalle metto la camicia
Sulle mani metto i guanti
Sulla testa metto il cappello
Sopra tutto metto il cappotto.

Siamo pronte adesso?

Quasi. Vediamo se ricordi tutto.
Metti le scarpe sui piedi
Metti i pantaloni sulle gambe
Metti la camicia sulle spalle
Metti i guanti sulle mani
Metti il cappello sulla testa
Metti il cappotto sopra tutto.

Finalmente siamo pronti. Andiamo.
No, sono stanca.

A. Label each of these parts of the body on the drawing.

i capelli
l'orecchio
l'occhio
il collo
la spalla
il braccio
la mano
il dente
il ginocchio
il piede
la testa
la faccia
la gamba
la bocca
il naso
la pancia

B. Look at the pictures then complete the sentences:

Modello:

La testa di Giorgio è grande.

1. _____ di Faye sono neri.

2. _____ di Angela è bella!

3. _____ di Giorgio è forte.

4. _____ di Kevin è intelligente.

5. _____ di Laura è simpatico.

6. _____ di Angela sono grandi.

7. _____ di Laura è grande.

8. _____ di Dario è grassa.

AVANTI SCRIVIAMO!

C. Write whether you like or dislike the following.

Modello:

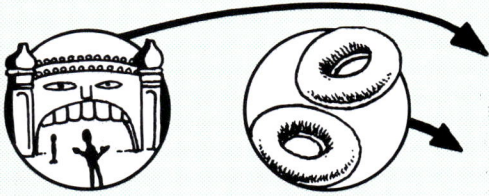

> Mi piace il Luna Park.
>
> Non mi piacciono le frittelle.

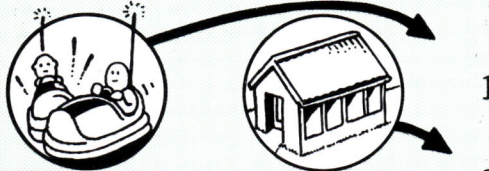

1. _____

2. _____

3. _____

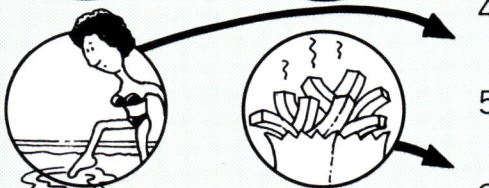

4. _____

5. _____

6. _____

7. _____

8. _____

9. _____

10. _____

D. Che ore sono?
Next to each clock, write the time in Italian.

Modello:

> Sono le due.
>
> Sono le quattro e mezzo

1. _____

AVANTI SCRIVIAMO!

2. _____

3. _____

4. _____

5. _____

6. _____

7. _____

8. _____

9. _____

10. _____

E. Write the Italian for the following.

Modello:

Let's go, Kevin!

Andiamo, Kevin!

1. Why are we waiting?

_____

2. Let's go without Dario.

_____

3. We're buying the tickets.

_____

4. We're not laughing.

_____

5. We haven't got time.

_____

6. We're hungry.

_____

7. Well, what'll we have?

_____

8. Let's take the train!

_____

9. Let's take this car!

_____

10. We don't have tickets.

_____

AVANTI SCRIVIAMO!

F. For each of the following write **Gioco a** (to play a game)
or **Suono** (to play a musical instrument).

Modello:

_____Suono_____ la chitarra.   _____Gioco a_____ football.

1. _____ tennis.   5. _____ baseball.

2. _____ il pianoforte.   6. _____ la fisarmonica.

3. _____ il violino.   7. _____ rugby.

4. _____ golf.   8. _____ il didgeridoo.

G. Write the correct verb forms to go with each picture.

    Modello:

    Io _____*dormo*_____ tutto il giorno.

    Fra Martino *dorme* tutto il giorno.

    Noi *dormiamo* tutto il giorno.

1. Noi _____ la chitarra.

    Tu _____.

    Io _____.

2. Tu _____ la canzone.

    Noi ragazzi _____

    Io _____

3. Noi _____ la limonata.

    Tu _____

    Io _____

4. Tu _____ la televisione.

    Io e Angela _____

    Noi _____

AVANTI SCRIVIAMO!

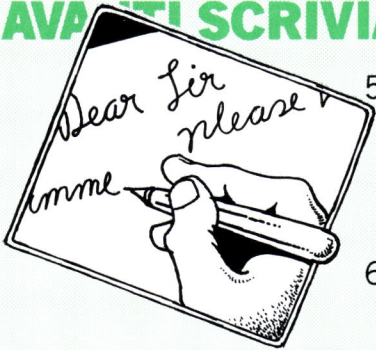

5. Noi _____ la lettera.

   Tu _____

   Io _____

6. Io _____ spaghetti.

   Tu _____

   Io e Dario _____

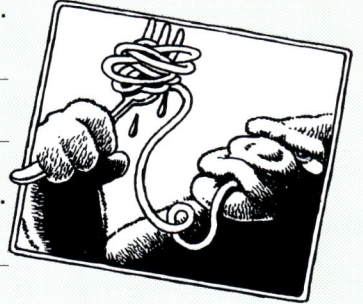

7. Io e Kevin _____ la formula segreta.

   Tu _____

   Noi _____

8. Tu _____ molto.

   Io _____

   Io e lei _____

9. Io e lui _____ il libro.

   Noi _____

   Io _____

10. Io e Angela _____ l'italiano.

    Tu _____

    Io _____

H. In the spaces provided write either **a** or **in**.

Modello:

Io abito __in__ città.

Lui abita __a__ Perth.

1. Noi abitiamo _____ un appartamento.
2. Io e lui abitiamo _____ Firenze.
3. Tu abiti _____ Venezia.
4. Lei abita _____ una villetta.
5. Io abito _____ campagna.
6. Noi abitiamo _____ Hobart.
7. Tu abiti _____ una casa.
8. Lui abita _____ Tasmania.
9. Io e Dario abitiamo _____ Sydney.
10. Tu abiti _____ città.
11. Lei abita _____ un appartamento.
12. Io abito _____ Adelaide.

COMPUTA DATE.

You are applying for a blind date with the boy/girl of your dreams.
The computer needs the following information.
Giorgio has already filled out his application.
Yours is on the next page.

COMPUTA DATE

Nome italiano	Giorgio
Secondo nome	Arcibaldo
Cognome	Bevilacqua
Quanti anni hai?	Sedici
Anno di scuola	7
Sport preferito	Biliardo
Complesso musicale preferito	"Avanti"
Quanti fratelli hai?	Zero
Quante sorelle hai?	Una (stupida)
Colore preferito	Marrone e giallo
Giorno preferito	Sabato e domenica
Squadra di futbol preferita	Hawthorn
Numero fortunato	Tre

Aspetto fisico (mettere una 'X')

Occhi: verdi _____ castani _X_ azzurri _____ grigi _____

Capelli: biondi _____ neri _X_ bruni _____

Sei alto/a?	Sì, sono molto alto.
Sei brutto/a?	No, non sono brutto, sono bello.
Sei forte?	Sì, sono molto forte.
Sei intelligente?	Sì, sono intelligente.
Sei modesto/a?	Sì, sono modesto.
Sei bugiardo/a?	Sì, sono sempre bugiardo.

COMPUTA DATE

Nome italiano	
Secondo nome	
Cognome	
Quanti anni hai?	
Anno di scuola	
Sport preferito	
Complesso musicale preferito	
Quanti fratelli hai?	
Quante sorelle hai?	
Colore preferito	
Giorno preferito	
Squadra di futbol preferita	
Numero fortunato	

Aspetto fisico (mettere una 'X')

Occhi: verdi _____ **Capelli:** biondi _____
castani _____ neri _____
azzurri _____ bruni _____
grigi _____

Sei alto / a?	
Sei brutto / a?	
Sei forte?	
Sei intelligente?	
Sei modesto / a?	
Sei bugiardo / a?	

AVANTI ASCOLTIAMO!

To complete these exercises you must listen to Programme 13 on ABC Radio.

A. What are we doing?

Andiamo.
Compriamo un gelato.
Ridiamo.
Guardiamo la televisione.
Beviamo la limonata.
Mangiamo un panino.

Now it's your turn to guess what we're doing.

B. How would you react?
Che disastro!
Che freddo!
Che bocca grande!
Che orologio!
Now listen to the sounds all jumbled up and guess what the people would say.

C. Aiiii! Mi fa male . . . **la bocca.**   **la faccia.**   **il naso.**   **la pancia.**
                            il corpo.   **la gamba.**   **l'occhio.**   **la testa.**

Where's the pain? Listen as each person tells you what is hurting.
Write your answers below.

Modello:

la gamba

1. _____   4. _____   7. _____

2. _____   5. _____   8. _____

3. _____   6. _____   9. _____

D. Listen to the chimes and say it's half past . . .

Modello:

Sono le   tre e mezzo.

1. Sono le _____

2. Sono le _____

3. Sono le _____

4. Sono le _____

5. Sono le _____

6. Sono le _____

L'ITALIA ANTICA.

The beginning.

According to legend, Rome was founded by and named after Romulus (**Romolo**) who was its first king. Romolo and his twin brother **Remo** were abandoned as babies on the waters of the River Tiber. The story goes that they were rescued by a she-wolf who looked after them and fed them.

When they were ready to make their own way in life, the twins explored the area around the Tiber looking for a suitable site for a new city. Romolo thought that he had found one and began building a wall which would be its boundary. Remo mocked his brother and his new city site by jumping over the wall. Romolo wasn't pleased! He killed Remo and became undisputed leader of a new city. All this is said to have happened in 753 B.C. (500 years before Hannibal was fighting the Romans).

How did Rome really get started? We know that a tribe of people called Latins settled around the Tiber River because it seemed a suitable place to farm and to live together. (The Tiber — **Il Tevere** — runs from the Apennines, through the city of Rome, into the sea. Note that Rome is not right on the sea, but about thirty kilometres inland.) The area was called Latium. Today it's called **Lazio** — the Italian form of the original word.

Six other kings are said to have followed the reign of Romolo. After that the Romans started electing their leaders — two of them, called Consuls. Most of the films that we have seen set in Roman times take us back to a later period when Rome was ruled by an Emperor. The Roman army had become so powerful that Rome ruled an Empire which controlled the whole world (well, all that was then known to the Romans). Everybody has heard of Julius Caesar. He was Roman Emperor about 50 years before the time of Christ (170 years after Hannibal's effort). It was he who extended the Roman Empire into Britain.

Your library shelves will have plenty of books, including encyclopediae with illustrated information about Ancient Rome. Try to find out more about this civilisation. You may get time to do a small project on one part of it — e.g. the Roman legions, their houses, their roads and bridges, etc. — or you could copy drawings of such things as Romulus and Remus, the Roman banners and standards, their houses, etc.

The destruction of Pompeii.

Pompeii was a Roman holiday resort town just to the south of Naples. It nestled between the Bay of Naples and Mount Vesuvius, an ancient volcano which everyone believed to have been extinct for centuries. They were so confident of this that they had built holiday homes and planted vines right up the slopes of the volcano. On the morning of 24 August, 79 A.D. Vesuvius erupted into the blue summer sky raining down ash and volcanic mud on the surrounding area, completely burying Pompeii and two other nearby towns.

Over the past hundred years or so Pompeii has been carefully excavated and restored. If you go there now you get the feeling that you are walking into a town going about its normal daily routine. The volcanic ash has preserved shops, houses, even wall paintings and pottery.

L'ITALIA ANTICA.

You can see a table set for breakfast that morning. You can walk along the Roman roads and see the deep ruts where the chariots travelled. You can walk into a cellar and see a group of people huddled together for protection against the advancing lava. On the walls outside there are posters about the council elections which were coming up. You can see the plaster cast of a watch dog that was left chained up and was unable to break away before he suffocated under the ashes.

It took just a few hours for Vesuvius' deadly ash-dust to completely smother and then preserve Pompeii for posterity.

These days people still live around Vesuvius, but there is a scientific observatory on the slopes which should be able to warn people if the mountain intends to blow its top again.

There are several famous volcanoes in this southern part of Italy. See if you can find out their names and mark them on a map of Italy. This region is also wary of earthquakes which have caused much destruction over the centuries. Do you know of any in recent times?

You should be able to find out plenty of further information about Pompeii if you are interested. You could find out more about how the plaster casts were made, what other things have been preserved and much more.

Activity:

Imagine that you were a wealthy Roman spending a long weekend at Pompeii when Vesuvius erupted. Fortunately you survived to write an account of that day.

The language of ancient Rome.

The Romans spoke and wrote an ancient language called Latin. Latin is now called a dead language as nobody uses it any more.

As the Romans spread their Empire into Gaul (France), Spain and Britain they took their language with them. People of these countries were quite proud to call themselves Roman citizens and to speak Latin. Modern Italian, French, Spanish and, to a certain extent, English are all descended from this ancient language of the Romans. English is not as closely tied to Latin as these other languages since it has other parent languages as well. If the Italian and English look similar at times, you shouldn't be surprised. After all, they are cousins.

Here is an example. The Latin word for 'foot' was **pede**, the Italian word is **piede**, the French word is **pied**, the Spanish word is **pie**. English has words like **pedal** and **pedestrian** which are derived from the Latin.

L'ITALIA ANTICA.

Now see if you can fill in the table below. You should not have too much trouble with the Italian word and the related English words. You may be able to get the French and Spanish words from someone studying French or from a student from a Spanish speaking country.

English	Latin	Italian	French	Spanish	Related English Word(s)
foot	pede	piede	pied	pie	pedal, pedestrian
body	corpu				
mind	mente				
eye	oculu				
nose	nasu				
tooth	dente				
tongue	lingua				
ear	auricula				
arm	bracchiu				
hand	manu				
finger	digitu				

Now get the grey matter moving!

1. What is the name of the legendary founder of Rome? Who was his brother?

_____

_____

2. What is the name of the river on which the city of Rome was built?

_____

3. What is the modern Italian name for the region around Rome?

_____

4. What was the name of the Roman Emperor who conquered Britain?

_____

5. What was the name of the volcano that destroyed Pompeii?

_____

6. When did the eruption take place?

_____

7. Name two other famous Italian volcanoes.

_____

8. In what sense is Latin a dead language?

_____

_____

9. In what sense is Latin a living language?

_____

_____

> So Latin is not such a dead language after all!!

GIOCHIAMO...

IL RITRATTO PERFETTO

'the perfect portrait'.

You prepare for this game by bringing into the class a colourful drawing of a person and a written description of the person you have drawn. Your description may read something like this:

Mario non è alto, ma è grasso. Ha i capelli rossi. Un occhio è azzurro, un occhio è marrone. Il naso è molto grande. Porta il cappotto giallo.

You read out your description a couple of times and the rest of the class has to try to remember the details. Then you allow five minutes for them to try and match your drawing. At the end of this time you pin your drawing onto the notice board. The winner is the person who matches your drawing most closely.

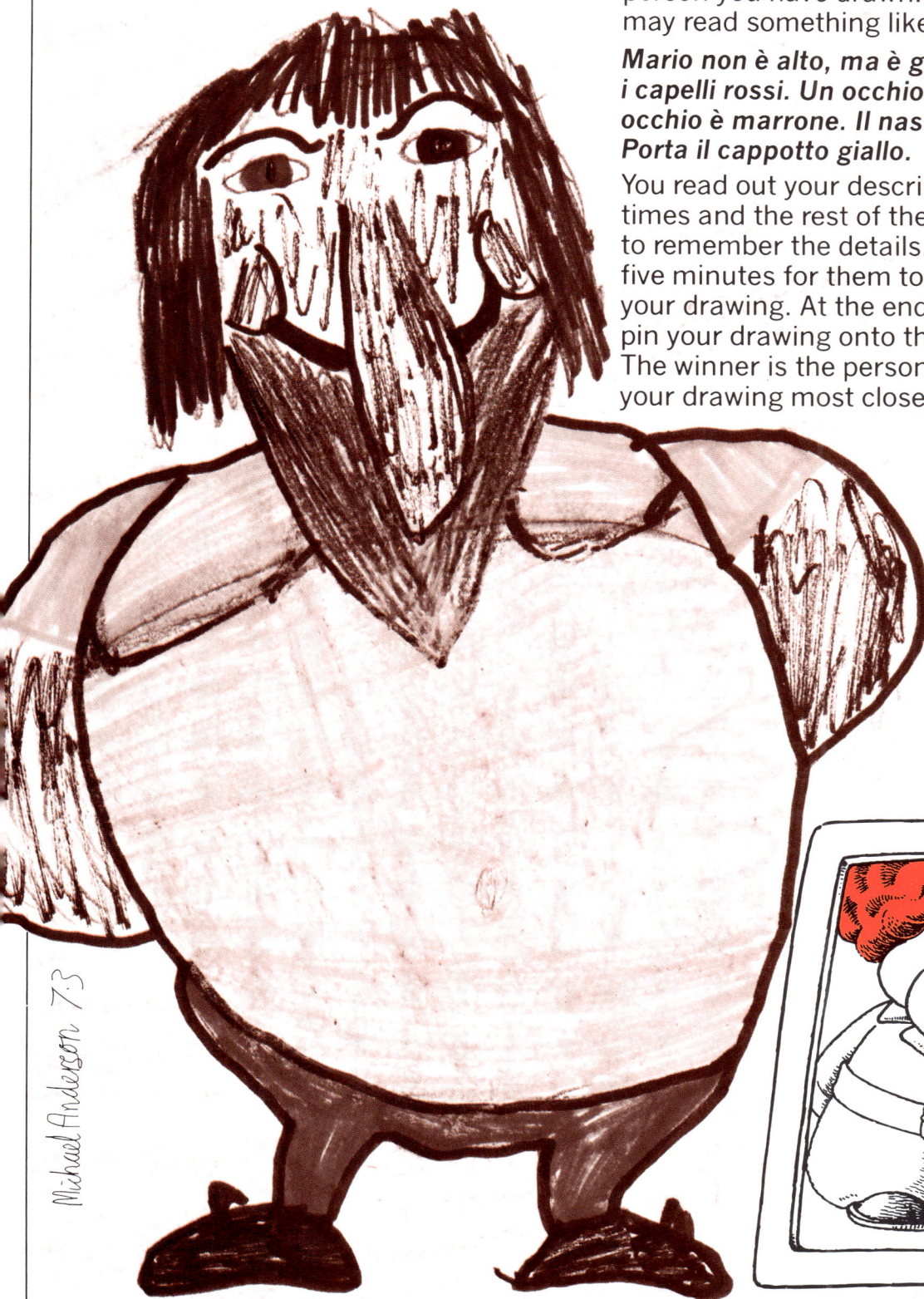

Michael Anderson 73

HOW ITALIAN WORKS.

A. Plural of definite article.

	singular	plural
masculine	**il** libro _____	**i** libri
	il limone _____	**i** limoni
feminine	**la** penna _____	**le** penne
	la classe _____	**le** classi

The plural of **il** is **i**.
The plural of **la** is **le**.

B. Che ore sono? What's the time?

Sono le undici.
It's eleven o'clock.

Sono le undici e mezzo.
It's eleven thirty.

● The word **sono** here means <u>are</u>. The Italians use a plural expression for telling the time which means something like <u>the hours are two</u>, <u>the hours are eleven and a half</u>.

C. Piace — Piacciono

Ti piace Laura?
Do you like Laura?

Ti piace il gelato?
Do you like the ice-cream?

Ti piace questa collana?
Do you like this necklace?

Ti piacciono Giorgio e Dario?
Do you like George and Dario?

Ti piacciono i treni?
Do you like the trains?

Ti piacciono queste ragazze?
Do you like these girls?

● Here are some possible answers to the above questions:

Sì, mi piace Laura.
Il gelato? Sì, mi piace molto.
No, non mi piace questa collana.
Sì, mi piacciono Giorgio e Dario.
I treni? Sì, mi piacciono molto.
No, non mi piacciono queste ragazze.

D. Agreement of adjectives.

i libri rossi
The red books
le penne rosse
the red pens
i ragazzi intelligenti
the intelligent boys
le ragazze intelligenti
the intelligent girls

When making adjectives agree, you not only have to watch whether the noun is masculine or feminine, you also have to think whether it is singular or plural. So, if the noun is masculine plural, the masculine plural form of the adjective must be used. e.g.

i quaderni nuovi the new exercise books
i panini grandi   the big bread-rolls

If the noun is feminine plural that form of the adjective must be used.
le matite gialle the yellow pencils
le porte verdi   the green doors

● Notice that some adjectives follow this pattern:

	singular	plural
masculine	**-o** _____	**-i**
feminine	**-a** _____	**-e**

● Others follow this pattern:

	singular	plural
masculine	**-e** _____	**-i**
feminine	**-e** _____	**-i**

● Notice that it is not always correct to have the noun and the adjective ending in the same letter. e.g.
il ragazzo forte
la ragazza triste
i ragazzi forti
le ragazze forti

● Notice that adjectives usually come after the noun.

CHE COSA DICONO?

CAPITOLO QUATTORDICI.
LUNEDÌ SERA.

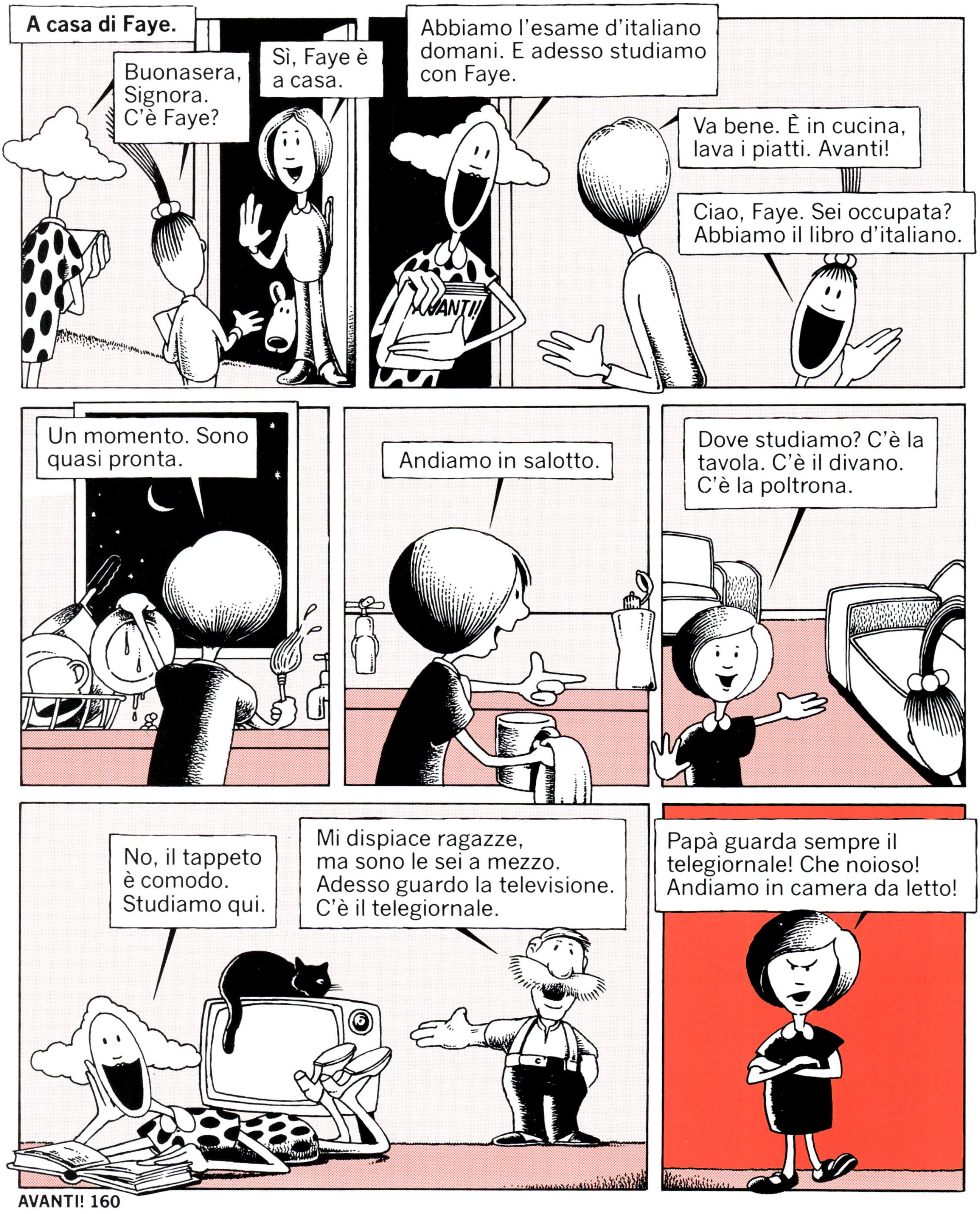

PAROLE NUOVE.

l'esame	the exam
il gabinetto	the toilet
l'idea	the idea
insieme	together
lava	he/she washes
il letto	the bed
il papà	dad, the father
per	to, in order to
il piatto	the plate
la poltrona	the armchair
qui	here
la sala da pranzo	the dining-room
il salotto	the lounge-room
se	if
senti	you listen, listen!
la sera	the evening
il tappeto	the carpet
la tavola	the table
telefonare	to phone
il telefono	the telephone
il telegiornale	the news (on T.V.)

la camera da letto	the bedroom
c'è	there is
c'è?	is there?
con	with
comodo	comfortable
il complesso	the (singing) group
la cucina	the kitchen
disordinato	untidy
il divano	the couch

Che noioso!	How boring!
C'è Faye?	Is Faye there?
fare il letto	to make the bed

VERBS

-are		-ere		-ire	
giocare	to play	ridere	to laugh	aprire	to open
parlare	to speak	scrivere	to write	dormire	to sleep
suonare	to play (a musical instrument)	vedere	to see	sentire	to hear

Practise reading and saying

sca   sco   scu   sci   sce

La **sca**la è **scu**ra.
Sento puzza di pe**sce**.
Questa è la **sci**arpa e la
scarpa dello **sci**enziato.

scusi
scarpa
scienziato
sciarpa
pe**sce**
mu**sco**li

SUONI NUOVI

AVANTI PARLIAMO!

Anyone home?

A. C'è Faye?   **Sì, Faye è a casa.**
C'è Dario?   Sì, Dario . . . .
C'è Giorgio?   . . . .
C'è Laura?   . . . .
C'è Angela?   . . . .
C'è Kevin?   . . . .
C'è Salvatore? . . . .

Salvatore? Chi è Salvatore?

You're hard to please.

B. Dove studiamo?
C'è il divano.   **Non mi piace il divano.**
C'è la tavola.   Non mi piace . . . .
C'è la poltrona.   Non . . . .
C'è il tappeto.   . . . .
C'è la cucina.   . . . .
C'è la camera da letto. . . . .
C'è il salotto.   . . . .
C'è il letto.   . . . .
C'è la sala da pranzo.   . . . .
C'è il gabinetto.   . . . .

Macchè! Studiare in gabinetto!

C. Ti piace fare il letto?   **Sì, mi piace fare il letto.**
Ti piace suonare?   Sì, mi piace . . . .
Ti piace giocare?   . . . .
Ti piace inventare?   . . . .
Ti piace studiare?   . . . .
Ti piace parlare italiano? . . . .
Ti piace guardare la T.V.? . . . .
Ti piace scrivere?   . . . .
Ti piace leggere?   . . . .
Ti piace dormire in classe? . . . .

That's not what I'm here for.

D. Studiamo?   **Non sono qui per studiare.**
Suoniamo?   Non sono qui per . . . .
Giochiamo?   Non sono qui . . . .
Parliamo?   Non sono . . . .
Leggiamo?   Non . . . .
Prendiamo un caffè?   . . . .
Apriamo la finestra?   . . . .
Sentiamo l'idea di Laura? . . . .

Dormiamo? Sì. Buona notte!!

AVANTI PARLIAMO!

E. Ma Laura, sei timida?   **Sì. Sono un po' timida.**
Ma Dario, sei stanco?   Sì. Sono un po' . . . . . .
Ma Dario, sei triste?   . . . .
Ma Laura, sei triste?   . . . .
Ma Dario, sei occupato?   . . . .
Ma Laura, sei cattiva?   . . . .
Ma Laura, sei forte?   . . . .
Ma Dario, sei forte?   . . . .
Ma Dario, sei fortunato?   . . . .
Ma Laura, sei brutta?   . . . .
Io? Sono bella, molto bella!

Just a little bit.

F. Suoni la chitarra?   **Sì, suono un po'.**
Giochi a tennis?   Sì, gioco . . . .
Parli italiano?   . . . .
Leggi libri?   . . . .
Scrivi lettere?   . . . .
Bevi la coca-cola?   . . . .
Ridi in classe?   . . . .
Dormi a scuola?   . . . .
Ma, tu sei cattivo!! Sì. Un po'.

G. Suoni?   **Io non suono, ma lui suona.**
Canti?   Io non canto, ma . . . .
Studi?   Io non . . . . . , ma . . . .
Inventi?   . . . .
Fumi?   . . . .
Ascolti?   . . . .
Guardi?   . . . .
Lavi?   . . . .
Lavori?   . . . .
Giochi?   . . . .

H. Angela suona la chitarra?   **Non suona molto, ma suona un po'.**
Faye gioca a tennis?   Non . . . . . molto, ma . . . . . un po'.
Giorgio parla francese?   Non . . . ., ma . . . .
Laura studia a casa?   . . . .
Dario guarda la televisione?   . . . .
Kevin ascolta la musica?   . . . .
Papà fuma le sigarette?   . . . .
La professoressa lavora?   . . . .
La ragazza lava i piatti?   . . . .
Dario canta in gabinetto?   . . . .

I. Io canto e tu canti.   **Dunque, cantiamo insieme!**
Io suono e tu suoni.   Dunque, ... !
Io mangio e tu mangi.   . . . . !
Io gioco e tu giochi.   . . . . !
Io studio e tu studi.   . . . . !
Io leggo e tu leggi.   . . . . !
Io bevo e tu bevi.   . . . . !
Io scrivo e tu scrivi.   . . . . !
Io dormo e tu dormi.   . . . . !

Let's get together then.

AVANTI SCRIVIAMO!

A. These sentences tell what is happening in the pictures. You have to supply the verb.

Modello:

Angela _suona_ la chitarra.

1. Laura _____ la collana.

2. Giorgio _____ i gelati.

3. Kevin _____ troppo.

4. Faye _____ la musica.

5. Papà _____ il telegiornale.

6. Dario _____ a futbol.

7. Chi _____ con Laura?

8. La ragazza _____ il panino.

9. Il ragazzo _____ in cucina.

B. With the sentences below you will find an infinitive.
Write the correct form of that verb in the space provided.

Modello:

Io _parlo_ italiano.
(parlare)

1. Io _____ la chitarra.
(suonare)

2. Tu _____ in italiano.
(cantare)

3. Lui _____ la televisione.
(guardare)

4. Lei _____ la collana.
(toccare)

5. Dario _____ il panino.
(comprare)

6. Angela _____ le frittelle.
(mangiare)

7. Noi _____ in salotto.
(studiare)

8. Tu ed io _____ i piatti insieme.
(lavare)

9. Kevin ed io _____ la formula.
(inventare)

AVANTI SCRIVIAMO!

C. Match what is written on the left hand side of the page with the expressions on the right hand side. Re-write them below.

Ma tu dormi, non ascolti la lezione!	**Che miracolo!**
Presto, sono le otto e mezzo!	Mi dispiace, non è qui adesso.
Ti piace questa limonata?	Ecco, è in cucina!
Dario è in ritardo.	Iac! Non mi piace!
No, io non provo, sono un po' timido.	Andiamo senza Dario!
Perchè non prendi il Treno degli Orrori?	Avanti, forza, coraggio!
Faye è a casa?	Un momento, sono quasi pronto.
Ecco tre panini e due frittelle.	Mi dispiace, sto male oggi.
Dov'è la sedia rossa?	Ho paura.
Giorgio studia tutta la mattina.	Ma non ho fame adesso.

Modello:

Giorgio studia tutta la mattina. Che miracolo!

_____

_____

_____

_____

_____

_____

_____

_____

_____

D. Write the following in Italian. Bet you can't get all of them right!

1. She is comfortable. _____

2. She is late. _____

3. She is washing the dishes. _____

4. She is cold. _____

5. It's cold. _____

6. It's late. _____

7. We are on time. _____

8. We are hot. _____

9. We are busy. _____

Is this Salvatore's fingerprint?

AVANTI SCRIVIAMO!

E. Choose an adjective from the list which would fit the people or things described in the sentences below. Be sure to use the correct form of the adjective.

Modello:

Faye lava i piatti in cucina; è <u>occupata.</u>

occupato
simpatico
intelligente
grasso
comodo
noioso
verde
timido
fortunato

1. Ma questo non è azzurro; è _____

2. Anna ha paura di Faye; è _____

3. Lui legge libri in tre lingue; è _____

4. Questa poltrona mi piace; è _____

5. Mi piace perchè ride sempre; è _____

6. Lei mangia venti frittelle ogni giorno; è _____

7. Pietro trova cinque dollari in gabinetto; è _____

8. Parla sempre ma non ascolta; è _____

F. Say whether or not you like these animals.

Modello:

Mi piace l'asino.

Non mi piace la tigre.

1. _____

2. _____

3. _____

4. _____

5. _____

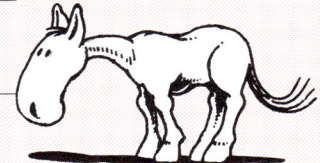

6. _____

7. _____

8. _____

AVANTI SCRIVIAMO!

G. Complete each sentence. Use the correct form of **abitare** according to each subject and add the words suggested by the sketch. Refresh your memory by looking at page 135.

Modello:

Tu _abiti in campagna._

 1. Io _____

2. Lui _____

 3. Tu _____

4. Noi _____

 5. Lei _____

6. Io e lui _____

 7. Tu _____

8. Angela _____

 9. Io e Angela _____

10. Io _____

H. Write the correct form of the definite article (**il, l', lo, la, le, i**) with each of the following nouns:

Modello:

testa
la testa

esame	idea	specchio
cucina	telegiornale	tappeto
piatti	barche	occhio
sera	amore	complesso

1. _____   5. _____   9. _____

2. _____   6. _____   10. _____

3. _____   7. _____   11. _____

4. _____   8. _____   12. _____

AVANTI SCRIVIAMO!

I. Unjumble the following sentences:

1. piatti Faye in lava i cucina. _____

2. pronta un sono momento quasi. _____

3. un disordinata po' è camera la. _____

4. qui studiare siamo per non. _____

5. nuovo "Avanti" un formiamo complesso. _____

6. da sala il pranzo in è telefono. _____

7. fratello il Dario piccolo di sono. _____

8. è gabinetto in Dario. _____

J. In the comic strip in this chapter Faye expresses the following ideas.
Do your own drawings of Faye with her saying all of these things in Italian.

1. Just a moment, I'm almost ready.
2. Let's go into the lounge!
3. There's the couch, there's the armchair.
4. The bedroom is a bit untidy.
5. Dad always watches the news! What a bore!
6. I don't like making the bed.
7. It's in the dining room.

1

2

3

4

5

6

7

HOW ITALIAN WORKS.

A. -are verbs

compro	I buy
compri	you buy
compra	he/she buys
compriamo	we buy

For **-are** verbs the Italian way of telling that he/she is doing an action is to use the **-a** ending on the verb. e.g.

lui compra
he buys, he is buying

lei guarda
she watches, she is watching

Dario canta
Dario sings, Dario is singing

Faye parla
Faye speaks, Faye is speaking

studia
he/she studies, is studying

il ragazzo gioca
the boy plays, is playing

● But remember the **-a** ending is only for **-are** verbs.
● As with other verb parts, the **lui/lei** form (the third person) will often be used without any pronoun or without any name before it. e.g.

Giorgio ha fame.
Compra cinque panini e tre gelati.
George is hungry.
He buys five rolls and three ice-creams.

B.

Ti piace? **Mi piace**	suonare giocare leggere scrivere sentire dormire

The expressions **ti piace?** and **mi piace** are often used with infinitives. e.g.

Ti piace suonare?
Do you like to play (playing)?

No, ma mi piace cantare.
No, but I like to sing (singing).

C.

C'è	la poltrona il tappeto il divano Faye

● **C'è** means <u>there is.</u> In a question it means <u>is there?</u>
● When people are being referred to, **c'è** usually means <u>at home</u> or <u>around.</u> e.g.

C'è Faye?
Is Faye at home?/Is Faye around?

No, non c'è.
No, she's not at home/
No, she's not around.

D. Un po', molto, troppo

sono	timido un po' timido molto timido troppo timido	I'm	timid a bit timid very timid too timid
studio	un po' molto troppo	I study	a bit a lot too much

E. -ire verbs

dormire	to sleep
aprire	to open

As well as the verbs whose infinitives end in **-are** or **-ere**, there is a group of verbs with infinitives ending in **-ire**. e.g.

È vietato dormire in questa classe.
It's forbidden to sleep in this class.

È pericoloso aprire questa porta.
It's dangerous to open this door.

As with the other verb groups, replace the **-ire** ending with a verb ending to tell who is doing an action. e.g.

Apro la porta.	I open the door.
Apri la finestra.	You open the window.
Apriamo il banco.	We open the desk.

CAPITOLO QUINDICI.
IL COMPLESSO AVANTI.

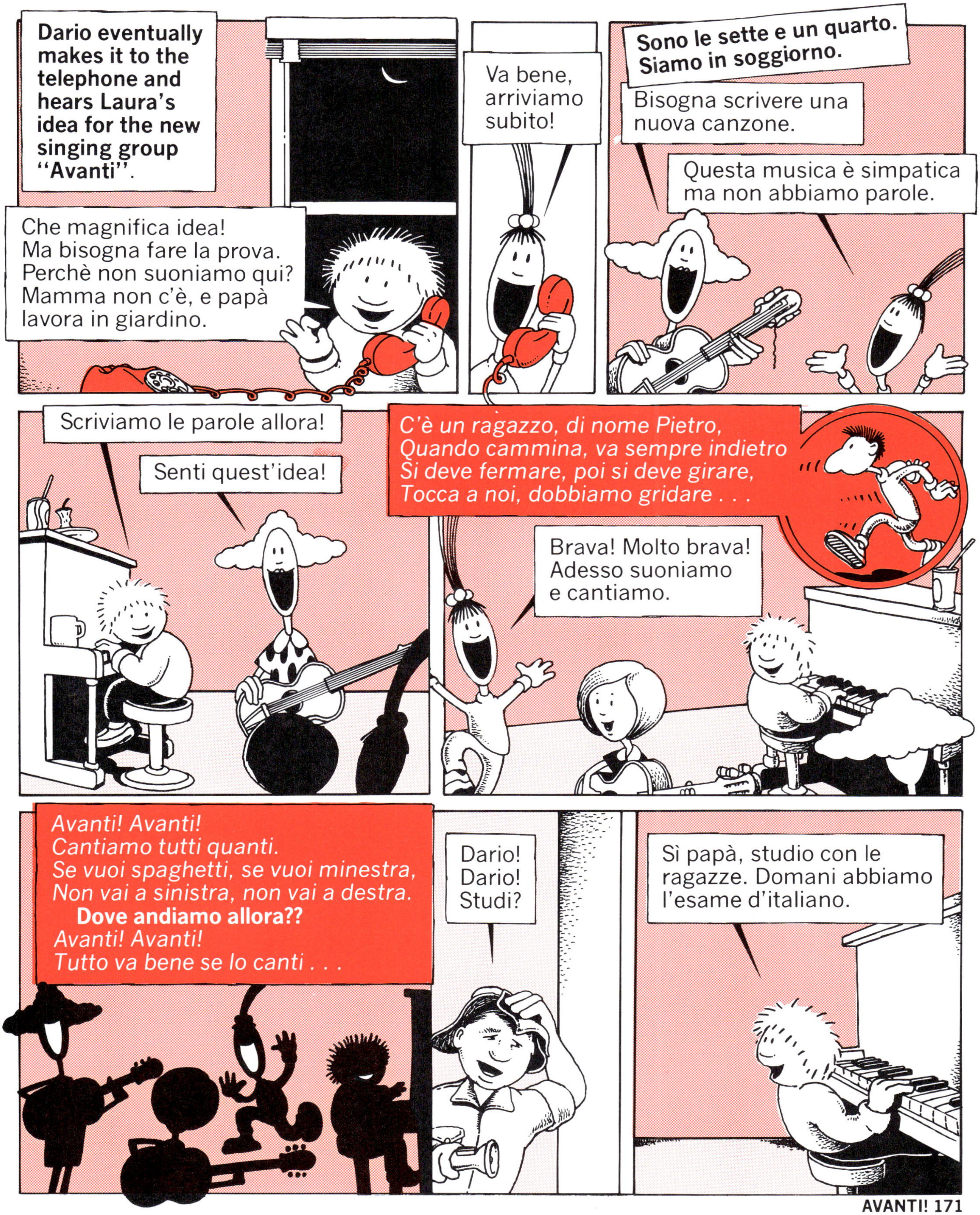

PAROLE NUOVE.

allora	well then
andare	to go
bisogna	it is necessary
la canzone	the song
l'erba	the grass
magnifico	magnificent, great
mentre	while
moderno	modern
la musica	the music
la parola	the word
per	for
la prova	the rehearsal, practice
quando	when
la radio	the radio
tagliare	to cut
tardi	late
vorrei	I would like

fare la prova	to rehearse
un po'	a little
Che magnifica idea!	What a great idea!
Siamo fritti!	We've had it!
Sono le sette e un quarto.	It's a quarter past seven.
Sono le dieci meno un quarto.	It's a quarter to ten.

E' VIETATO CAMMINARE SULL'ERBA

LA CASA

il bagno	the bathroom
la camera da letto	the bedroom
la cucina	the kitchen
il gabinetto	the toilet
il giardino	the garden
la lavanderia	the laundry
la piscina	the swimming pool
la rimessa	the shed
la sala da pranzo	the dining-room
la sala da biliardo	the billiard-room
il salotto	the lounge-room
il soggiorno	the living-room
la stanza	the room
lo studio	the study
la terrazza	the terrace

AVANTI PARLIAMO!

Let's do it then!

A. Bisogna provare.   **Proviamo allora.**
Bisogna suonare.   Suoniamo . . . .
Bisogna cantare.   . . . .
Bisogna studiare.   . . . .
Bisogna andare.   . . . .
Bisogna scrivere.   . . . .
Bisogna leggere.   . . . .
Bisogna sentire.   . . . .
Bisogna aprire.   . . . .
Bisogna dormire.   . . . .

ZZZZ

NEIL.

B. Sono le sette?   **Sono le sette e un quarto.**
Sono le due?   Sono le due e . . . .
Sono le undici?   . . . .
Sono le otto?   . . . .
Sono le quattro?   . . . .
Sono le sette?   . . . .
Sono le tre?   . . . .
Sono le nove?   . . . .
Sono le dieci?   . . . .
Sono le cinque?   . . . .

Because we have to!

C. Perchè studi?   **Perchè bisogna studiare.**
Perchè inventi?   Perchè bisogna . . . .
Perchè ascolti?   Perchè . . . .
Perchè canti?   . . . .
Perchè ridi?   . . . .
Perchè leggi?   . . . .
Perchè scrivi?   . . . .
Perchè senti?   . . . .
Perchè dormi?   . . . .

D. Quando tagli l'erba?   **Taglio l'erba domani.**
Quando studi per l'esame?   Studio per l'esame . . .
Quando scrivi a Laura?   Scrivo . . . .
Quando suoni la canzone?   . . . .
Quando ascolti la musica?   . . . .
Quando lavi i piatti?   . . . .
Quando lavori in giardino?   . . . .
Quando telefoni a Dario?   . . . .
Quando guardi il telegiornale?   . . . .
Domani! Sempre domani!

AVANTI PARLIAMO!

E.
Vai a scuola?	**No, non vado a scuola.**
Sei contento?	No, non sono . . . .
Hai paura?	No, non . . . .
Vai in cucina?	. . . .
Sei stanco?	. . . .
Hai sete?	. . . .
Vai a Luna Park?	. . . .
Hai fame?	. . . .

F.
Una limonata?	**Sì grazie, vorrei una limonata.**
Un caffè?	Sì grazie, vorrei . . . .
Una frittella?	Sì grazie, ...
Un panino?	. . . .
Una coca cola?	. . . .
Una bambola?	. . . .

Ti piace giocare con le bambole?

TI PIACE MANGIARE SPAGHETTI?

A. Answer the following questions referring back to pages 171 and 172. Begin each answer with a **Sì** or **No.**

Modello:

Laura telefona a Dario? _Sì, Laura telefona a Dario._

L'idea è ridicola? _No, l'idea non è ridicola._

1. Mamma è a casa? _____

2. Papà è a casa? _____

3. Il complesso "Avanti" è in soggiorno? _____

4. Dario studia con le ragazze? _____

5. La musica è italiana? _____

6. Dario taglia l'erba oggi? _____

7. La stanza è disordinata? _____

8. Dario ascolta la radio mentre studia? _____

B. Choose the most appropriate verb from the following list to complete the sentences below. Each word is used only once.

Modello:

    Mangio venti frittelle ogni giorno.

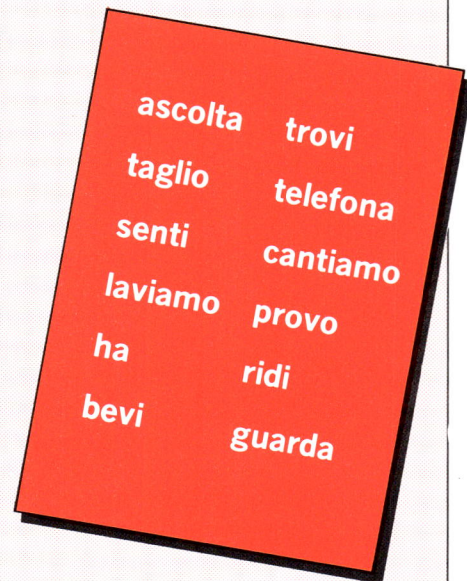

ascolta   trovi
taglio   telefona
senti   cantiamo
laviamo   provo
ha
   ridi
bevi
   guarda

1. Perchè non suoniamo e _____ insieme?

2. Ma Angela, perchè _____ ?

3. Se hai sete, perchè non _____ un po' di acqua.

4. _____ la radio mentre studia.

5. Sono stanco! _____ l'erba domani.

6. Sono le sette! Papà _____ il telegiornale adesso.

7. Non prende il treno perchè _____ paura.

8. Un momento! _____ io.

9. Laura _____ a Dario.

10. _____ l'idea di Laura!

11. È tardi. _____ i piatti domani.

12. Se non _____ papà in giardino è in salotto.

AVANTI SCRIVIAMO!

C. Next to each of the sentences below you will find the infinitive of a verb. Use the correct form of the verb to complete each sentence.

Modello:

Fra Martino, _dormi_ tu? (dormire)

1. Fra Martino _____ la campana. (suonare)

2. Giorgio, _____ la porta per favore. (chiudere)

3. Io _____ molti libri italiani. (leggere)

4. Dario _____ a tennis con Faye. (giocare)

5. Io non _____ oggi. (studiare)

6. Noi _____ Kevin a scuola. (vedere)

7. Giorgio _____ la penna. (comprare)

8. Laura non _____ la collana. (toccare)

9. Angela _____ con Laura. (parlare)

10. Dario _____ la canzone. (ascoltare)

D. Draw the plan of your own home and label it in Italian.

AVANTI SCRIVIAMO!

E. Write the time in Italian beside each clock.

Modello: Sono le sei e un quarto.

 1. _____

 2. _____

 3. _____

 4. _____

 5. _____

 6. _____

 7. _____

 8. _____

 9. _____

 10. _____

F. Match the pictures with the descriptions by connecting them with a line.

la camicia grigia

la cartella

la giacca elegante

la collana

la camicia bianca

il vestito brutto

il cappello vecchio

i calzini grandi

il rossetto

i pantaloni stretti

AVANTI SCRIVIAMO!

G. The police have a description of two young people wanted for a crime. Draw a wanted poster, using these details:

**Il ragazzo è molto alto. Ha quindici o sedici anni. Porta i blu jeans vecchi, la camicia viola e la cravatta gialla. Porta un cappello inglese, i calzini rosa e le scarpe rosse. Ha la cartella. Questo ragazzo è molto pericoloso!
Anche la ragazza è alta. Ha dodici o tredici anni. Porta il pullover marrone e la gonna lunga e grigia. Usa molto rossetto e ha una collana. Questa ragazza è molto pericolosa!
QUESTI RAGAZZI SONO MOLTO PERICOLOSI!**

CANZONE.

AVANTI.

Chorus:
Avanti! Avanti!
Cantiamo tutti quanti.
Se vuoi spaghetti, se vuoi minestra,
Non vai a sinistra, non vai a destra.
Dove andiamo allora??
Avanti! Avanti!
Tutto va bene se lo canti.

1. *C'è un ragazzo di nome Pietro,*
   Quando cammina, va sempre indietro.
   Si deve fermare, poi si deve girare,
   Tocca a noi, bisogna gridare . . .

2. *C'è un signore, alla porta,*
   Capelli lunghi, barba corta.
   Vuole entrare, ma deve bussare,
   Tocca a noi, bisogna gridare . . .

3. *C'è una signora, la Contessa Gudogna,*
   Non dice niente perchè ha vergogna.
   Vuole parlare, vuole cantare,
   Tocca a noi, bisogna gridare . . .

4. *C'è un semaforo rosso, qui in piazza;*
   la gente aspetta, diventa pazza.
   Vuole andare, ma deve aspettare,
   Ma questo semaforo non vuole cambiare.
   AVANTI!

AVANTI ASCOLTIAMO!

To complete these exercises you must listen to Programme 15 on ABC Radio.

A. Che stanza è?
È la camera da letto.
È la cucina.
È il gabinetto.
È la sala da pranzo.
È il soggiorno.
È il giardino.

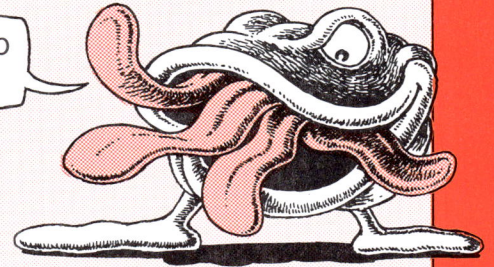

Now let's jumble the noises up and you guess where we are!

B. Listen for the words missing below, then write them in.

Modello:

La poltrona è _comoda._

1. Il letto è _____
2. La musica è _____
3. L'erba è _____
4. Il giardino è _____

5. La casa è _____
6. La canzone è _____
7. La cucina è _____
8. Il vestito è _____

C. In each of the following, the person speaking says how many of each thing he has. Write the number you hear.

Modello:

___15___ libri

1. _____ piatti
2. _____ telefoni
3. _____ televisioni

4. _____ letti
5. _____ poltrone
6. _____ specchi
7. _____ frittelle

8. _____ centesimi
9. _____ biglietti
10. _____ orologi

D. Che ore sono?
Draw in the hands of the clocks to show the time you hear.

Modello:

      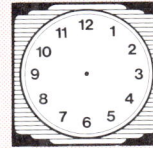 

1.   2.   3.   4.   5.   6.   7.   8.

LO SAI CHE...

A typical day in the life of a young Italian would be divided quite differently to ours here in Australia. On the left are some drawings about Carla and Giuseppe's family who live in Rome. Under each clock write the correct time in Italian. On the right you can write and draw about a typical day in your life.

<table>
<tr><td align="center">

Italian typical day.
Che ore sono?

</td><td align="center">

Your typical day.
Che ore sono? Che cosa fai?
Draw what you do, and write the time in Italian.

</td></tr>
</table>

1. _Sono le sette._

They get up. They have breakfast.

2. _____

Their father drives them to school on his way to work. School starts.

3. _____

School's out.

Italian typical day.	Your typical day.
Che ore sono?	Che ore sono? Che cosa fai?

4. _____

Everyone is home for lunch.

5. _____

Mum and dad rest while the kids
do their homework.

6. _____

Dad goes back to work and the kids
go out to play with their friends.

7. _____

Dad finishes work.

Italian typical day.
Che ore sono?

8. _____

Dinner for everyone.

9. _____

They watch some television.

10. _____

They go to bed.

Your typical day.
Che ore sono? Che cosa fai?

Write down some differences you have noticed, e.g. they go to bed later than we do.

_____

_____

_____

HOW ITALIAN WORKS.

A.

Essere	**Avere**	**Andare**
To be	To have	To go
sono	**ho**	**vado**
sei	**hai**	**vai**
è	**ha**	**va**
siamo	**abbiamo**	**andiamo**

These verbs don't follow the normal pattern. They are irregular.

B. The following expressions are handy to use with infinitives:
bisogna
è impossibile
è vietato
è pericoloso
e.g.
È impossibile mangiare trenta gelati.

C. **Vorrei** is a very useful Italian word. It means I'd like. It is often used when people are asking for things or saying they would like to do things.
e.g.
Vorrei un gelato per favore.
Vorrei andare a scuola ogni domenica.

D.

Sono le due.

Sono le due e un quarto.

Sono le due e mezzo.

Sono le tre meno un quarto.

Sono le tre.

SUONI NUOVI

gli

la famiglia — biglietto
il figlio — luglio
la figlia — bottiglia
tagli

Ecco la famiglia Tartaglia
È luglio a Ventimiglia
Il figlio taglia la paglia e
La figlia piglia la bottiglia.

Try saying this three times fast!

GIOCHIAMO...

TOMBOLA DELLE PAROLE.

This is a game like bingo but instead of using numbers you use words.
Each student has a word-card on which there are several words arranged one under the other. Small single word strips, one for every word on the cards, are put in a bowl or bag. The teacher takes one strip at a time and reads it. Any student having this word crosses it from the list.

Claim the prize by crossing off all the words and reading them back correctly. Of course, you'll miss out if you don't pronounce them well!

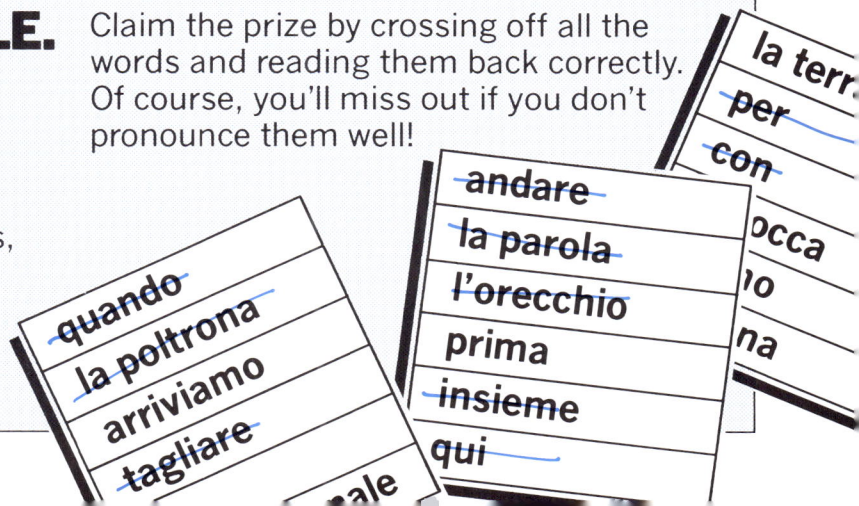

la terr
per
con
occa
o
na

andare
la parola
l'orecchio
prima
insieme
qui

quando
la poltrona
arriviamo
tagliare

CHE ORE SONO?

ind. suss.	cat.	ore		stazione	ind. suss.
	Rar.1ª2ª	15.24	14	PESCARA	
NAPOLI CENTRALE	EXPR.1ª2ª	15.34	13	FRASCATI	
	Loc.2ª	15.36	24	TARANTO	NAPOLI CENTRALE
	EXPR.1ª2ª	15.38	9	HAMBURG	
	R.TEE	15.58	12	TORINO	
		15.58	10	ANCONA	ASSISI-PERUGIA
	Loc.2ª	16.00	22		
	Loc.2ª	16.05	15		

Siamo in tempo?

Sì, abbiamo dieci minuti.

The sign below is outside a tourist attraction in Rome. An Australian tourist wants to know the times it opens and closes in the afternoons. What would you tell her?

_____

_____

_____

_____

_____

A railway station in Italy has the exciting atmosphere of an airport. You can catch a train to travel to another European country. Which of the cities on this time table is not in Italy?

_____

ORARIO

8,30 – 12

14,30 – TRAMONTO

TRENI IN PARTENZA

destinazione	ind. suss.	cat.	ore	bin.
NAPOLI C.		Rap I°2°	15.24	14
BARI-REGGIO	NAPOLI CENTRALE	EXPR I°2°	15.34	13
FRASCATI		Loc. 2°	15.36	24
MILANO		EXPR I°2°	15.38	9
NAPOLI MERG.		R. TEE	15.58	12
SMISTAMENTO			15.58	10
ALBANO		Loc. 2°	16.00	22
VELLETRI		Loc. 2°	16.05	15

destinazione	ind. suss.	cat.	ore	bin.
PESCARA		Rap I°2°	16.15	11
FRASCATI		Loc. 2°	16.19	25
TARANTO	NAPOLI CENTRALE	Rap I°2°	16.30	8
HAMBURG			16.30	
TORINO		Rap I°2°	16.36	1
ANCONA	ANCONA-PERUGIA	EXPR I°2°	16.38	

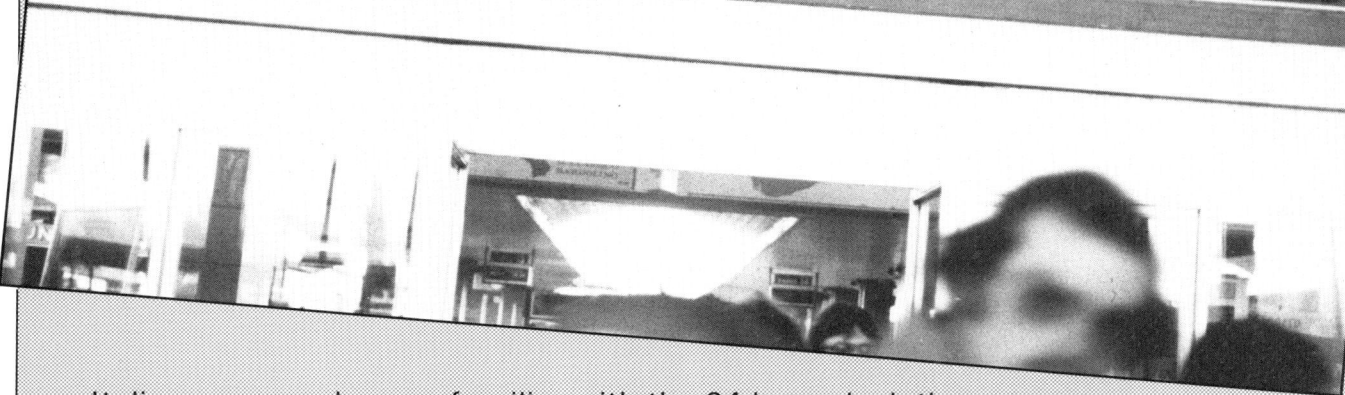

Italians are much more familiar with the 24 hour clock than we are in Australia. The train for Napoli (Centrale) leaves **alle quindici e ventiquattro**.

See if you can complete the following sentences:

1. Il treno per Napoli C. _____

2. Il treno per Bari e Reggio parte alle _____

3. Il treno per Milano parte alle _____

4. Il treno per Napoli Merg. parte _____

_____

5. Il treno per Albano _____

_____

_____

6. Il treno per _____

parte alle sedici e mezzo.

Mamma mia. Dove andiamo?

Boh! Andiamo via.

CAPITOLO SEDICI.
IL NUOVO MANAGER.

Back at school, Giorgio and Kevin are discussing the new singing group, "Avanti", which was formed without them.

Dunque Kevin, Laura forma un nuovo complesso con Faye, Angela e Dario. È ridicolo, no?

Ridicolo? Perchè?

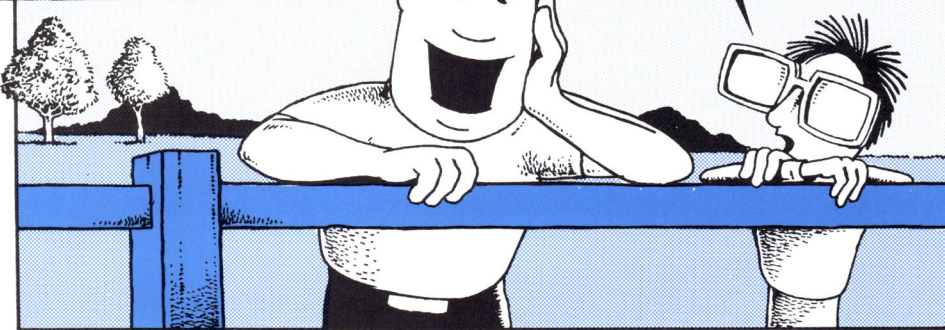

Dario non legge la musica e canta come un ranocchio.

Non legge la musica ma suona il pianoforte. E non canta come un ranocchio. Canta molto bene.

Va bene, va bene. Ma chi scrive le canzoni?

Laura. E scrive molto bene. Giorgio, tu sei geloso.

Geloso??!! Io??!! Ridicolo!!!! Non mi piace cantare. Non mi piace suonare. No, io sono . . . contento, molto contento.

Ecco, Dario arriva adesso!

Ciao Kevin. Ciao Giorgio.

Ciao Dario, come stai?

Bene grazie. Ma Giorgio non parla? Non sente?

Sì, Giorgio sente, ma non parla. Non è contento.

Sì, sono contento. Ma non parlo a persone importanti come Dario.

Importante?? Io?? Giorgio, senti un po'. Abbiamo bisogno di un manager. Tu sei libero in questi giorni??

Io?? Manager??!!

Dunque, vediamo un po'. Sono un po' occupato in questi giorni. Studio per l'esame d'italiano. Lavo i piatti per la mamma,

lavoro in giardino. Ma . . . va bene, trovo il tempo.

Grazie, Giorgio, sei molto generoso.

Allora sei pronto per l'esame d'italiano, Giorgio?

Giorgio? Pronto? Lui dorme in classe.

No. Ridicolo. Io sono sempre pronto.

E tu, Dario?

Sì . . . un po', sono un po' pronto.

PAROLE NUOVE.

geloso	jealous	abbiamo bisogno di	we need
generoso	generous	Giorgio, senti un po'!	Listen Giorgio!
importante	important		
libero	free		
la persona	the person		
il manager	the manager		
il ranocchio	the frog		

SUONI NUOVI

sci   sce

Say this three times as fast as you can.

Lo sciatore.

Ecco lo **sci**atore!
Si mette gli **sci**.
Gli piace **sci**are
e **sce**nde veloce
per la di**sce**sa.

AVANTI PARLIAMO!

I don't speak to people like that

A. Dario è importante. **Non parlo a persone importanti.**
Kevin è intelligente. Non parlo a persone . . . .
Giorgio è forte. Non parlo a . . . .
Laura è felice. Non parlo . . . .
Angela è grande. Non . . . .
Faye è triste. . . . .

B. Dario è timido. **Non parlo a persone timide.**
Kevin è noioso. Non parlo a persone . . . .
Giorgio è stupido. Non parlo . . . .
Laura è simpatica. Non . . . .
Angela è ricca. . . . .
Faye è bella. . . . .

Ma tu non parli molto!!!

C. Perchè non arriva? **Ecco, arriva adesso.**
Perchè non dorme? Ecco, dorme . . . .
Perchè non parla? Ecco, ...
Perchè non sente? . . . .
Perchè non suona? . . . .
Perchè non legge? . . . .
Perchè non scrive? . . . .
Perchè non beve? . . . .
Perchè non canta? . . . .
Perchè non ride? . . . .
Perchè non apre? . . . .

Do you like to . . ?

D. Ti piace cantare? **No, non mi piace cantare.**
Ti piace suonare? No, non mi piace . . . .
Ti piace studiare? No, ...
Ti piace telefonare? . . . .
Ti piace ridere? . . . .
Ti piace scrivere? . . . .
Ti piace leggere? . . . .
Ti piace dormire? . . . .

I can't find anything today!

E. Non trovo una penna. **Prendi la penna di Giorgio!**
Non trovo un quaderno. Prendi il quaderno . . . . . .
Non trovo una gomma. Prendi . . . .
Non trovo una matita. . . . .
Non trovo un astuccio. . . . .
Non trovo una coca cola. . . . .
Non trovo un biglietto. . . . .
Non trovo uno specchio. . . . .
Non trovo una chitarra. . . . .

Non trovo Giorgio. *Giorgio non c'è oggi!*

AVANTI PARLIAMO!

F. Abbiamo bisogno di un pianoforte.   **Ecco un pianoforte!**
Abbiamo bisogno di una chitarra.   Ecco una chitarra!
Abbiamo bisogno di una canzone.   Ecco . . . .
Abbiamo bisogno di una persona importante.   Ecco . . . .
Abbiamo bisogno di un manager.   . . . .
Abbiamo bisogno di un esame d'italiano.   . . . .
Abbiamo bisogno di uno specchio.   . . . .
Abbiamo bisogno di un'idea nuova.   . . . .

Grazie. Sei molto gentile.

G. Perchè non canti?   **Non sono qui per cantare.**
Perchè non leggi?   Non sono qui per leggere.
Perchè non dormi?   Non sono qui per dormire.
Perchè non telefoni?   Non sono qui per . . . .
Perchè non vendi i gelati?   Non sono . . . .
Perchè non apri la porta?   . . . .
Perchè non suoni la chitarra?   . . . .
Perchè non prendi l'asino?   . . . .
Perchè non senti l'idea di Laura?   . . . .

Allora, perchè sei qui?   *Non lo so. Non lo so.*

GIOCHIAMO...

INDOVINA LA PAROLA.

A panel of about six competitors is chosen to sit at the front of the classroom. The teacher acts as compere, reading out a short sentence with a missing word. The panel members write down the word they think is missing. Those who get the word right score a point. First to ten wins. Then the panel members are changed.

e.g. **Giorgio è un bravo** . . . .

A. Complete the sentences below by choosing an adjective or a verb from the following lists. Make sure that you use the verbs in their correct forms and that you make the adjectives agree.

Adjectives: **importante, geloso, occupato, contento, questo, nuovo**
Verbs: **arrivare, parlare, studiare, lavare, lavorare, leggere, scrivere, formare, cantare**

Modello:

Laura _forma_ un _nuovo_ complesso con Faye, Angela e Dario.

1. Dario non _____ la musica, _____ come un ranocchio.

2. Ma chi _____ le canzoni?

3. Giorgio, tu sei _____!

4. Ecco, Dario _____ adesso.

5. Ma Giorgio non _____. Non è _____ oggi?

6. Non _____ a persone _____ come Dario.

7. Sono un po' _____ i _____ giorni.

8. _____ per l'esame d'italiano.

9. _____ i piatti per la mamma, _____ in giardino.

B. Complete the sentences below by choosing one of the following:
a, di, in, con, per — to fill in the gaps.

Modello:

Non parlo _a_ persone importanti.

1. Faye lava i piatti _____ cucina.

2. Sì, papà, studio _____ le ragazze.

3. Sì, Faye è _____ casa.

4. Non siamo qui _____ studiare.

5. Senti l'idea _____ Laura.

6. Io studio _____ l'esame _____ italiano.

7. Sono un po' occupato _____ questi giorni.

8. Andiamo _____ telefonare _____ Dario.

9. Sono il piccolo fratello _____ Dario.

10. Abbiamo bisogno _____ un manager.

AVANTI SCRIVIAMO!

C. Choose one of the words from the list below to fill in the gaps in the sentences that follow:

come, qui, adesso, quasi, molto, domani, perchè, insieme, mentre, meno, qui

Modello:

Mamma non c'è e papà è in giardino. Perchè non suoniamo _qui_ ?

1. _____ abbiamo l'esame d'italiano.

2. _____ c'è tutto questo rumore?

3. Ascoltiamo la radio _____ studiamo.

4. Sono le dieci _____ un quarto.

5. Il tappeto è comodo; perchè non studiamo _____ ?

6. Un momento, sono _____ pronta.

7. Se cantiamo _____ formiamo il nuovo complesso.

8. Noi non siamo bravi _____ Dario.

9. Ah, ecco, Dario arriva _____ !

10. Oh, grazie Giorgio, sei _____ bravo.

D. Imagine that this is a photo of the new band in a music magazine. Write and explain who the people are and what they do.

Modello:

Laura _canta e scrive le canzoni._

1. Dario _____

_____

2. Angela _____

_____

3. Kevin _____

_____

4. Giorgio _____

_____

5. Faye _____

_____

AVANTI SCRIVIAMO!

E. How did Giorgio express the following ideas? Do your own drawing of Giorgio having him say these things in Italian.

1. Laura is forming a new group with Faye.
2. Dario doesn't read music, he sings like a frog.
3. But who writes the songs?
4. I don't like singing. I don't like playing (music).
5. I don't speak to important people like Dario.
6. I'm a bit busy these days.
7. I'm studying for the Italian exam.
8. I wash the dishes for Mum, I work in the garden.
9. O.K. I'll find the time.
10. Ready??? I'm always ready.

AVANTI SCRIVIAMO!

F. Write the correct form of the definite article before each of the following.

Modello:

_l'_ esame

1. ____ rumore
2. ____ pianoforte
3. ____ canzoni
4. ____ ragazze
5. ____ radio
6. ____ chitarra
7. ____ telegiornale
8. ____ complesso
9. ____ persone
10. ____ piatti
11. ____ manager
12. ____ blu jeans

HOW ITALIAN WORKS.

Parlare	Prendere	Dormire
To speak	To take	To sleep
parlo	prendo	dormo
parli	prendi	dormi
parla	prende	dorme
parliamo	prendiamo	dormiamo

For **-ere** and **-ire** verbs, the Italian way of telling that he/she is doing an action is the **-e** ending on the verb. e.g.

lui prende	he takes
lei dorme	she sleeps
Angela prende	Angela takes
Kevin sente	Kevin hears
vede la bambola	he/she sees the doll
apre il libro	he/she opens the book

LEI VEDE MOLTE CITTÀ. VIAGGIA SEMPRE, NON DORME MAI.

LIRE 100

POSTE

REPVBBLICA ITALIANA

CRUCIVERBA.

Orizzontali

1. Formiamo il nuovo _____

6. Il telefono è in _____ da pranzo.

7. Tagli l'erba _____ o domani?

9.  la _____

11. Sono occupato _____ trovo il tempo.

12. Sono occupato _____ questi giorni.

13. Perchè non _____, Dario?

14. Non sto bene, sto _____

15. _____ . . .

16. Giorgio è modesto?

17. _____ sei pronto per l'esame?

20. We find.

21. La rosa ha questo colore.

Verticali

2. Le canzoni moderne mi _____

3. Abbiamo l' _____ d'italiano.

4. Cantiamo e _____ insieme.

5. Bisogna mettere il _____ per fare la limonata.

8. Vado a scuola = I _____ to school.

10. Lo _____ è normale.

12. _____ maiale fa oinc.

16. New.

18. Sei bravo _____ manager.

19. Tredici meno dieci fa _____.

PAROLE NUOVE.

avete	you (pl.) have
di	from, of
facile	easy
famoso	famous
grande	big
il mondo	the world
il pittore	the painter
il problema	the problem
i problemi	the problems
lo scienziato	the scientist
lo scultore	the sculptor
sicuro	sure
siete	you (pl.) are
solo	only
la storia	history, the story
il viaggiatore	the traveller, explorer
voi	you (pl.)
ci sono	there are
è di Firenze	he/she is from Florence
non sono sicuro	I'm not sure

Siamo amici.

Is it **o** or perhaps **ho**?

Prendi un gelato o una limonata?
Non ho sete ho fame. Prendo un gelato.

perchè?
perchè

Perchè sei alto?
Perchè sono grande

Perchè sei grande?
Perchè mangio molto.

Perchè mangi molto?
Perchè ho fame.

Perchè hai fame?
Mi dispiace ma non lo so!

Hey boys, are you . . .?

A. Ei, ragazzi, siete pronti?   **Siete tutti pronti?**
Ei, ragazzi, siete contenti?   Siete tutti . . . . ?
Ei, ragazzi, siete fortunati?   Siete . . . . ?
Ei, ragazzi, siete importanti?   . . . . ?
Ei, ragazzi, siete timidi?   . . . . ?
Ei, ragazzi, siete stupidi?   . . . . ?
Ei, ragazzi, siete intelligenti?   . . . . ?
Ei, ragazzi, siete noiosi?   . . . . ?
No, ma tu sei noioso!

Hey girls, are you . . .?

B. Ei, ragazze, siete pronte?   **Siete tutte pronte?**
Ei, ragazze, siete intelligenti?   Siete tutte intelligenti?
Ei, ragazze, siete fortunate?   Siete tutte . . . . ?
Ei, ragazze, siete timide?   Siete . . . . ?
Ei, ragazze, siete contente?   . . . . ?
Ei, ragazze, siete noiose?   . . . . ?
Ei, ragazze, siete importanti?   . . . . ?
Ei, ragazze, siete stupide?   . . . . ?
No, tu sei stupida.

C. Quanto tempo abbiamo?   **Avete dieci minuti.**
Quanto tempo abbiamo?   . . . otto . . . .
Quanto tempo abbiamo?   . . . tredici . . . . . .
Quanto tempo abbiamo?   . . . diciannove . . .
Quanto tempo abbiamo?   . . . 17 . . . .
Quanto tempo abbiamo?   . . . 16 . . . .
Quanto tempo abbiamo?   . . . 25 . . . .
Quanto tempo abbiamo?   . . . 14 . . . .

What do you have?

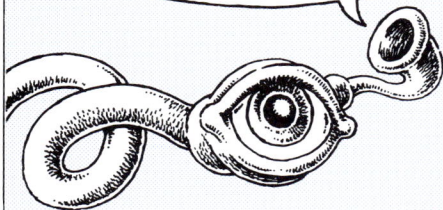

D. Tre limoni.   **Avete tre limoni?**
Un esame.   Avete un . . . . ?
Due chitarre.   Avete . . . . ?
Dieci libri.   . . . . ?
Una lettera.   . . . . ?
Una coca cola.   . . . . ?

E. Marco Polo.   **Chi è Marco Polo?**
Galileo Galilei   Chi è . . . . ?
Luigi Galvani   Chi . . . . ?
Grazia Deledda   . . . . ?
Alessandro Volta   . . . . ?
Leonardo da Vinci   . . . . ?
Michelangelo   . . . . ?
Sofia Loren   . . . . ?
Giuseppe Garibaldi   . . . . ?
Salvatore   . . . . ?

AVANTI PARLIAMO!

You're lucky.

F. Tu sei fortunato.   **Voi siete fortunati.**
Tu sei fortunata.   Voi siete fortunate.
Tu sei intelligente.   Voi siete intelligenti.
Tu sei timido.   Voi . . . .
Tu sei timida.   . . . .
Tu sei pericoloso.   . . . .
Tu sei pericolosa.   . . . .
Tu sei brutto.   . . . .
Tu sei brutta.   . . . .
Tu sei felice.   . . . .

G. Tu hai una chitarra.   **Voi avete una chitarra.**
Tu hai un pianoforte.   Voi avete un . . . .
Tu hai un cane.   Voi avete . . . .
Tu hai un gatto.   . . . .
Tu hai una penna.   . . . .
Tu hai un'aranciata.   . . . .
Tu hai una televisione.   . . . .
Tu hai un asino.   . . . .

H. Sei occupato.   **Siete occupati.**
Hai un esame.   Avete un esame.
Sei cattivo.   Siete . . . .
Hai una limonata.   Avete . . . .
Sei stanco.   . . . .
Hai un libro.   . . . .
Hai una penna.   . . . .
Sei contento.   . . . .
Sei forte.   . . . .
Hai due minuti.   . . . .

Uffa sono stanco!

Anche io sono stanca!

I. Abito a Melbourne.   **Sei di Melbourne?**
Abito a Roma.   Sei di . . . .
Abito a Perth.   Sei . . . .
Abito a Napoli.   . . . .
Abito a Hobart.   . . . .
Abito a Yackandandah.   . . . .
Abito a Palermo.   . . . .
Abito a Canberra.   . . . .
Abito a Adelaide.   . . . .
Abito a Poggibonzi.   . . . .

AVANTI SCRIVIAMO!

A. Match the clothing with the appropriate part of the body.

il corpo	**la gonna**
la testa	**la camicia**
le gambe	**il cappotto**
il piede	**la cravatta**
le spalle	**il cappello**
il collo	**la scarpa**
le gambe	**i pantaloni**

B. Complete each sentence using **avete** or **siete** and add the word suggested by the sketch.

 **caldo**   **freddo**   **fame**   **sete**   **paura**   **stanchi**   **disordinati**   **intelligenti**

Modello:

Voi _avete freddo._    Voi _siete stanchi._

1. Voi _____

6. Voi _____

2. Voi _____

7. Voi _____

3. Voi _____

8. Voi _____

4. Voi _____

9. Voi _____

5. Voi _____

10. Voi _____

C. Complete each of the following sentences with the correct form of the word given in the brackets.

1. Ragazzi, _____ problemi? (avere)

2. Laura e Faye siete _____? (sicuro)

3. Voi _____ tre case. (avere)

AVANTI SCRIVIAMO!

4. Kevin e Giorgio, non siete _____ (generoso)

5. Voi _____ fritti! (essere)

6. Dario e Laura, siete _____? (normale)

7. Voi _____ comodi. (essere)

8. Ragazze, _____ libere. (essere)

9. Voi _____ due telefoni. (avere)

10. Giorgio e Laura siete _____ (noioso)

D. Write these sentences in Italian.

1. Girls, you are lucky! _____

2. I like history and Italian. _____

3. Who is Alessandro Volta? _____

4. What an easy exam! _____

5. He doesn't read Italian. _____

6. He is sleeping in class. _____

7. You boys are very generous. _____

8. We need a manager. _____

E. Match the following answers with the questions below.

Non ho fame. **Domani.** **Perchè non mi piace.**
Perchè mi piace. **È in classe.** **Non lo so.**

Modello:

Chi è Alessandro Volta? _È un famoso scienziato._

1. Dov'è la Signora Casati? _____

2. Chi è Salvatore? _____

3. Perchè non compri le frittelle? _____

4. Quando tagli l'erba? _____

5. Perchè vai a Luna Park? _____

6. Perchè non canti la canzone? _____

AVANTI SCRIVIAMO!

F. Each number represents a letter. See if you can discover the different rooms in this house.

Modello:

I L   S A L O T T O
1 2   3 4 2 5 6 6 5

1. __ __   __ __ __ __ __ __ __ __
  1 2   3 5 7 7 1 5 8 9 5

2. __ __   __ __ __ __ __ __
  2 4   10 11 10 1 9 4

3. __ __   __ __ __ __ __ __
  2 5   3 6 11 12 1 5

4. __ __   __ __ __ __ __ __ __ __ __
  1 2   7 4 13 1 9 14 6 6 5

5. __ __   __ __ __ __ __
  1 2   13 4 7 9 5

6. __ __   __ __ __ __ __ __   __ __   __ __ __ __ __
  2 4   10 4 15 14 8 4   12 4   2 14 6 6 5

7. __ __   __ __ __ __ __ __ __ __ __ __
  2 4   2 4 16 4 9 12 14 8 1 4

8. __ __   __ __ __ __ __ __ __
  2 4   8 1 15 14 3 3 4

9. __ __   __ __ __ __   __ __   __ __ __ __ __ __ __ __
  2 4   3 4 2 4   12 4   13 1 2 1 4 8 12 5

10. __ __   __ __ __ __   __ __   __ __ __ __ __ __
  2 4   3 4 2 4   12 4   17 8 4 9 18 5

Below write the English equivalent for each room.

1. The lounge room.   6. _____
2. _____   7. _____
3. _____   8. _____
4. _____   9. _____
5. _____   10. _____

AVANTI SCRIVIAMO!

G. Write which city each of these people comes from.
You may need to refer to an atlas.

1. Maria	6. Lidia	Milano Palermo
2. Concetta	7. Michele	Roma Venezia
3. Giuseppina	8. Antonio	Firenze Cagliari
4. Elio	9. Maddalena	Genova Reggio Calabria
5. Bianca	10. Pino	Napoli Bologna

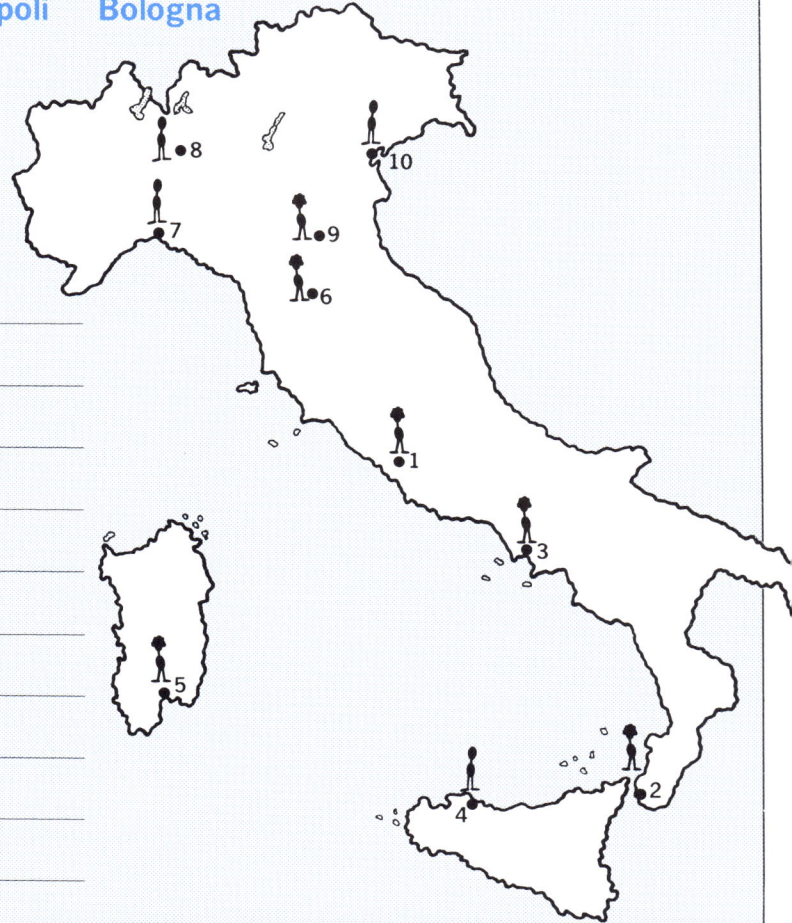

Modello:

1. _Maria è di Roma._
2. _____
3. _____
4. _____
5. _____
6. _____
7. _____
8. _____
9. _____
10. _____

GIOCHIAMO...

COSA STO FACENDO?

A student writes a sentence and then tries
to mime what he has written.
e.g.

Giorgio fuma una sigaretta.
Papà lavora in giardino.
Il ragazzo guarda in un cassetto.

PAMELA È UN FRULLATORE

AVANTI ASCOLTIAMO!

To complete these exercises you must listen to Programme 17 on ABC Radio.

A. **Chi è?**
Modello:

> By now you should be able to recognise the characters' voices.

È _Dario._

1. È _____   5. È _____

2. È _____   6. È _____

3. È _____   7. È _____

4. È _____   8. È _____

B. Tick the expression you hear.
Modello:

Non mi piace cantare. ☐

Non mi piace suonare. ✓

1. Abbiamo bisogno di un manager. ☐

  Non abbiamo bisogno di un manager. ☐

2. Sono un po'occupato in questi giorni. ☐

  Sono un po'occupato in questi tempi. ☐

3. Sono sempre un po'occupato. ☐

  Sono sempre molto occupato. ☐

4. Leonardo da Vinci è famoso. ☐

  Leonardo da Vinci è molto famoso. ☐

5. Questo non è facile? ☐

  Questo non è facile. ☐

6. Avete solo due minuti. Presto! ☐

  Avete solo dieci minuti. Presto! ☐

CONTINUA

AVANTI ASCOLTIAMO!

C. What are these people saying about themselves?
Circle the two words you hear them say.

Modello:

geloso	importante	generoso	libero

1. famoso   grande   sicuro   moderno
2. magnifico   ridicolo   geloso   libero
3. grande   sicuro   moderno   importante
4. famoso   geloso   grande   ridicolo
5. magnifico   generoso   libero   ridicolo
6. moderno   grande   sicuro   famoso

D. Listen carefully and write in the missing words.

Modello:

Giorgio non _suona_ la chitarra; è _geloso_.

1. Non _____ a persone importanti _____ Dario.

2. Sono _____ occupato in _____ giorni.

3. Non sono _____ per l'esame d' _____.

4. Ragazze, con _____ non avete _____.

5. Non sono _____. Marco Polo è un viaggiatore o uno _____?

6. _____ Garibaldi? È facile.

7. Michelangelo è un grande pittore e scultore _____.

8. _____! Abbiamo solo _____ minuti.

ABC SOUND EFFECTS

HOW ITALIAN WORKS.

A. Essere

sono	I am
sei	you are (s.)
è	he/she/it is
siamo	we are
siete	you are (pl.)

Avere

ho	I have
hai	you have (s.)
ha	he/she/it has
abbiamo	we have
avete	you have (pl.)

Siete is the plural of **sei**. It means <u>you are</u>, and is used when you're addressing more than one person.
Avete is the plural of **hai**. It means <u>you have</u>, and is used when you're addressing more than one person.
e.g.

Ragazze, siete fortunate oggi.
Girls, you're lucky today.

Ragazzi, avete venticinque minuti.
Boys, you have twenty-five minutes.
● Of course, adjectives used after **siete** must be in the plural.
e.g.

Siete intelligenti, molto intelligenti.
You (pl.) are intelligent, very intelligent.

B. sono di
sei di
è di

● When **di** follows **essere** it means <u>from</u>.
e.g.
Sono di Venezia. I'm from Venice.
Lui è di Ragusa. He's from Ragusa.

Sono di Venezia

Venezia di Notte

Sono di Portofino

Saluti da PORTOFINO

Sono di Napoli

Napoli - Panorama

COME VIAGGI?

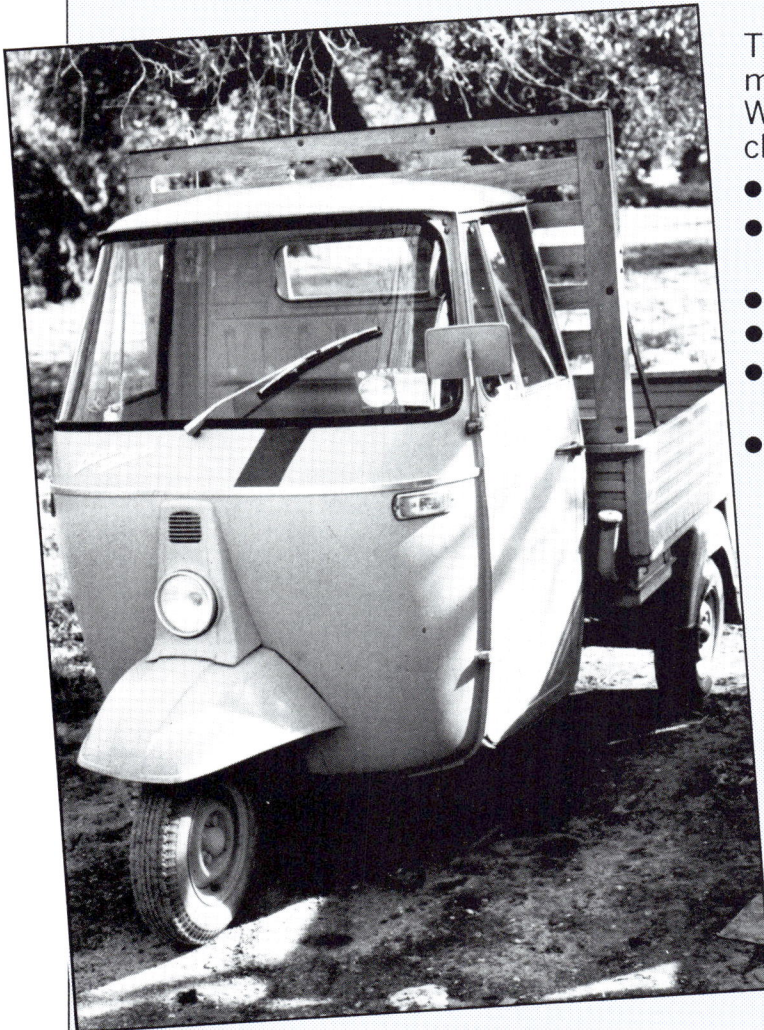

The photos on these two pages show different means of transport used in Italy.
Write a caption for each picture by choosing from these sentences:

- Ci sono molti autobus. Uno è molto alto.
- Ecco la carrozza e i cavalli! Ma dove sono i turisti?
- La bicicletta è vecchia, non è nuova.
- Andiamo in città con il tram?
- L'Ape non è molto grande. Ha solo tre ruote.
- Mamma mia, che traffico!

CAPITOLO DICIOTTO.
SONO PROMOSSA!

The day after the exam the gang of six are in the schoolyard discussing their results.

Che miracolo! Sono promossa. Una D! Una magnifica D!

Io sono molto contenta. Ho una C.

Io non sono contenta. Una B. Quasi un'A. Non mi piace la Signora Casati.

E voi?

Una B e non sei contenta?!! Dammi la B e prendi questa E! Ah, che disastro!!

E tu, Kevin, un'A?

Fortunato!!

Abbiamo A, B, C, D, E e tu Giorgio?????

Hi, hi, hi.

MANAGER

Gli esami non sono importanti. Questa lettera è importante.

Sentite, domenica prossima andate sul programma "Facce Nuove".

"Facce Nuove"!! La televisione!! Giorgio, sei magnifico!

Ah, sì, lo so. Oggi gli esami, domani il mondo.

AVANTI

MANAGER

MANAGER

Back at Dario's place the group is doing some last minute rehearsal before going on "New Faces".
Proviamo la canzone ancora una volta.
Ancora una volta?? Ma io sono stanca.
Se non provate, non vincete. Avanti, perdete tempo!!!
Avanti, sempre avanti!!
Andiamo! Uno, due, tre, quattro . . .
C'è una signora, la Contessa Gudogna,
Non dice niente perchè ha vergogna.
Vuole parlare, vuole cantare,
Tocca a noi, bisogna gridare . . .
MANAGER
Bravi, bravi, adesso siete pronti per "Facce Nuove".
MANAGER
Siamo pronti? Non sono sicura.
Io sono il manager e io sono sicuro. Siete pronti.
Sì, sì, cantate bene, suonate molto bene. Ma Dario, sei un po' forte.
Io . . . forte???
No, non tu, ma il pianoforte è forte. Bisogna suonare il pianoforte più piano.

PAROLE NUOVE.

la lettera	the letter	**ancora una volta**	one more time
piano	softly, slowly	**Che disastro!**	What a disaster!
il programma	the programme	**lo so**	I know
prossimo	next	**sono promosso (a)**	I've passed
sul	on the		
vincere	to win		
vincete	you (pl.) win		

AVANTI PARLIAMO!

A. Siamo pronti? — **Sì, siete pronti.**
Siamo timidi? — Sì, siete . . . .
Siamo bravi? — Sì, ...
Siamo intelligenti? — . . . .
Siamo forti? — . . . .
Siamo occupati? — . . . .
Siamo noiosi? — . . . .
Siamo ricchi? — . . . .
Siamo cattivi? — . . . .
Siamo fortunati? — . . . .
Siamo ridicoli? — . . . .
Siamo tristi? — . . . .

B. Tu sei cattivo. — **Io non sono cattivo,
voi siete cattivi.**

Tu sei brava. — **Io non sono brava,
voi siete brave.**

Tu sei pronto. — Io non sono pronto,
voi siete . . . .

Tu sei occupata. — Io non sono occupata,
. . . .

Tu sei forte. — Io non sono . . . .
voi . . . .

Tu sei intelligente. — Io non . . . .
voi . . . .

Tu sei stanca. — Io non . . . .
voi . . . .

Tu sei ricco. — Io non . . . .
voi . . . .

Tu sei noioso. — Io non . . . .
voi . . . .

AVANTI PARLIAMO!

C. Cantate la canzone?   **Sì, cantiamo la canzone.**
Suonate la musica?   Sì, suoniamo . . . .
Studiate per l'esame?   . . . .
Chiudete la finestra?   . . . .
Bevete la coca-cola?   . . . .
Ridete molto?   . . . .
Dormite in classe?   . . . .
Aprite la porta?   . . . .
Sentite l'idea di Laura?   . . . .
Siete stanchi?   . . . .

Allora finiamo qui!

D. Cantiamo domani.   **Ma perchè non cantate oggi?**
Suoniamo domani.   Ma perchè non suonate . . . . . .
Giochiamo domani.   Ma perchè non . . . .
Studiamo domani.   Ma . . . .
Beviamo domani.   . . . .
Dormiamo domani.   . . . .
Apriamo domani.   . . . .

E. Ti piace questo gelato?   **Sì, dammi il gelato, per favore.**
Ti piace questa penna?   Sì, dammi la . . . .
Ti piace quest'astuccio?   Sì, dammi . . . .
Ti piace questa matita?   . . . .
Ti piace quest'acqua?   . . . .
Ti piace questo rossetto?   . . . .
Ti piace questo biglietto?   . . . .
Ti piace questa limonata?   . . . .
Ti piace questo panino?   . . . .

qui que qua

In questo quaderno ho disegnato una squadra di cinque barbieri e quattro pompieri!

LO SAI CHE...

There were many great Italian scientists before Kevin. Here are a few.

Leonardo da Vinci. Even though Leonardo (1452-1519) is best remembered for his paintings and, in particular, the **Mona Lisa**, he was an "all-round" genius! He studied such things as mechanics, architecture, the human body, music and the stars. He even designed underwater diving suits, and gliders that would allow man to fly. Leonardo had to keep his notebooks a secret because his ideas were so different to what people of his day believed. To do this he wrote all of them back-to-front, so that they could only be read as a reflection in a mirror. Leonardo found this easy to do because he was left-handed.

Alessandro Volta. He was born in Como in 1745. He experimented with and studied electricity — a relatively unknown subject in those days. It was in 1799 that he invented the battery. This opened the doors to a whole new development in science. From his name comes the word we use today to grade the strength of a battery — *volts*.

Guglielmo Marconi, a Nobel Prize winner, was born in Bologna. He was also one of the first scientists to work with electricity. His invention of the wireless telegraph at the age of 22 was an important step towards the development of radio. In 1918, for the first time in history, he contacted Australia from London, by wireless.

Galileo Galilei. He discovered that it took the same time for a pendulum to swing no matter how wide the arc. This principle was very important in obtaining a precise method of measuring time. Even today some clocks still use this principle.

He dropped different weights from the top of the leaning tower of Pisa and discovered that a heavy and a light object would fall at the same speed, if there is no air resistance.

With the use of a powerful telescope which he was the first to make, he observed the stars and planets, and discovered that the planet Jupiter had moons around it.

During his time people believed that the earth was the centre of the universe. When Galileo proved that this wasn't so, but rather that the earth revolved around the sun, he came into conflict with many people.

There is much more you could find out about these scientists. Choose one and do some extra research of your own.

AVANTI SCRIVIAMO!

A. Answer the following questions referring back to pages 212 and 213.
Begin your answers with **Sì** or **No**.

Modello:

Angela è promossa? <u>Sì, Angela è promossa.</u>

Angela ha un'A? <u>No, Angela non ha un'A.</u>

1. Laura è molto contenta? _____

2. Faye è contenta? _____

3. Dario ha una B? _____

4. Giorgio ha una lettera importante? _____

5. Angela è stanca? _____

6. Faye è sicura? _____

7. Giorgio è sicuro? _____

B. Complete the following sentences taken from the cartoon script on pages 212, 213.
Try to do it without looking.

1. Una B _____ un'A. Non mi _____ la Signora Casati.

2. Dammi la B e _____ questa E!

3. Gli _____ non sono importanti. Questa lettera è _____

4. Oggi gli esami, _____ il mondo.

5. Se non _____, non vincete. Avanti, _____ tempo.

6. Bravi, bravi, adesso _____ pronti per "Facce Nuove".

7. Tocca a noi, bisogna _____

Now, take two of the above sentences and draw the right character saying each one.

AVANTI SCRIVIAMO!

C. **Bisogna gridare** means **it is necessary to shout**.
Now write the Italian for:

1. It is necessary to play the piano. _____

2. It is necessary to study for the exam. _____

3. It is necessary to shut the door. _____

4. It is necessary to laugh. _____

5. It is necessary to sleep. _____

6. It is necessary to open the window. _____

7. It is necessary to eat. _____

D. People write to you accusing you of different things.
You write back and tell them they're the ones who are doing these things.

Modello:

Tu parli troppo. _Voi parlate troppo._

1. Tu canti come un asino _____

2. Tu compri sigarette. _____

3. Tu scrivi lettere stupide. _____

4. Tu ridi sempre. _____

5. Tu dormi in classe. _____

6. Tu apri la bocca sempre. _____

7. Tu sei bugiardo. _____

8. Tu giochi in classe. _____

9. Tu hai la testa grande _____

E. Write the correct form of the definite article in front of the following nouns.

1. _la_ lettera   3. _____ miracolo   5. _____ canzone   7. _____ scultore

2. _____ esame   4. _____ aula   6. _____ limone   8. _____ storia

F. Now write the above in the plural.

1. _le lettere_   3. _____   5. _____   7. _____

2. _____   4. _____   6. _____   8. _____

AVANTI SCRIVIAMO!

G. As usual, Giorgio has had quite a bit to say. Have him say each of the following:

1. Exams aren't important.
2. This letter is important.
3. Listen! Next Sunday you're going on "New Faces".
4. Today exams, tomorrow the world!
5. If you don't practise you won't win.
6. Well done, now you're ready for "New Faces".
7. I'm the manager and I'm sure. You're ready.

GIOCHIAMO...

LEGGIAMO PER UN MINUTO.

The class is divided into two teams. A member of one of the teams begins reading aloud in Italian from the *Avanti* scripts. The aim is that the person be able to read for a minute without making any pronunciation mistakes. A mistake may be challenged by a member of the other team who raises his hand. The watch is stopped while the challenge is being made. If the challenge is successful, a member of the challenging team takes over the reading. The team which is reading at the end of 60 seconds scores the point.

HOW ITALIAN WORKS.

A.

Cantare	Perdere	Dormire
canto	perdo	dormo
canti	perdi	dormi
canta	perde	dorme
cantiamo	perdiamo	dormiamo
cantate	perdete	dormite

The Italian way of telling that it is <u>you</u> (plural) who are doing an action is to use the **-ate**, **-ete** or **-ite** endings on the verbs.
e.g.

Cantate e suonate bene.
You sing and play well.

Presto, perdete tempo.
Quickly, you're losing time.

È impossibile parlare se non aprite la bocca.
It's impossible to speak if you don't open your mouth.

The plural of **tu** is **voi**. It means <u>you</u>, and is used when more than one person is being addressed.
Like the other pronouns **io, tu, lui, lei, noi — voi** may be used with the **-ate, -ete, -ite** forms, but it is not necessary.
e.g.

Voi siete in ritardo oggi.
You're late today.

Siete in ritardo oggi.
You're late today.

Voi cantate come ranocchi.
You sing like frogs.

Cantate come ranocchi.
You sing like frogs.

B. The definite article.

masculine		feminine	
singular	plural	singular	plural
il _____ i		la _____ le	
lo _____ gli		l' _____ le	
l' _____ gli			

● Notice that **gli** is the plural of both **lo** and **l'** when the **l'** is used with a <u>masculine</u> noun.
e.g.
lo specchio — **gli** specchi
lo zio _____ **gli** zii
l'esame _____ **gli** esami
l'astuccio — **gli** astucci

● The plural of **l'** when used with a feminine noun is **le**.
e.g.
l'aula   **le** aule

C. Irregular nouns.

singular	plural
il programma	**i programmi**
il problema	**i problemi**
la mano	**le mani**

● These are exceptions and need to be learnt off by heart.

D. Andare

vado	I go, I'm going
vai	you go, you're going
va	he goes, he's going
andiamo	we go, we're going
andate	you go, you're going

INSEGNE.

A. 1. Milano è a sinistra o a destra? _____

2. Venezia è a sinistra o a destra? _____

3. Siamo nel nord o nel sud d'Italia? _____

4. Fa freddo o fa caldo? _____

5. La macchina è di Milano o di Venezia? _____

6. Bisogna fermare la macchina qui? _____

B. What 3 things are sold by the shop on the left?

_____

_____

_____

INSEGNE.

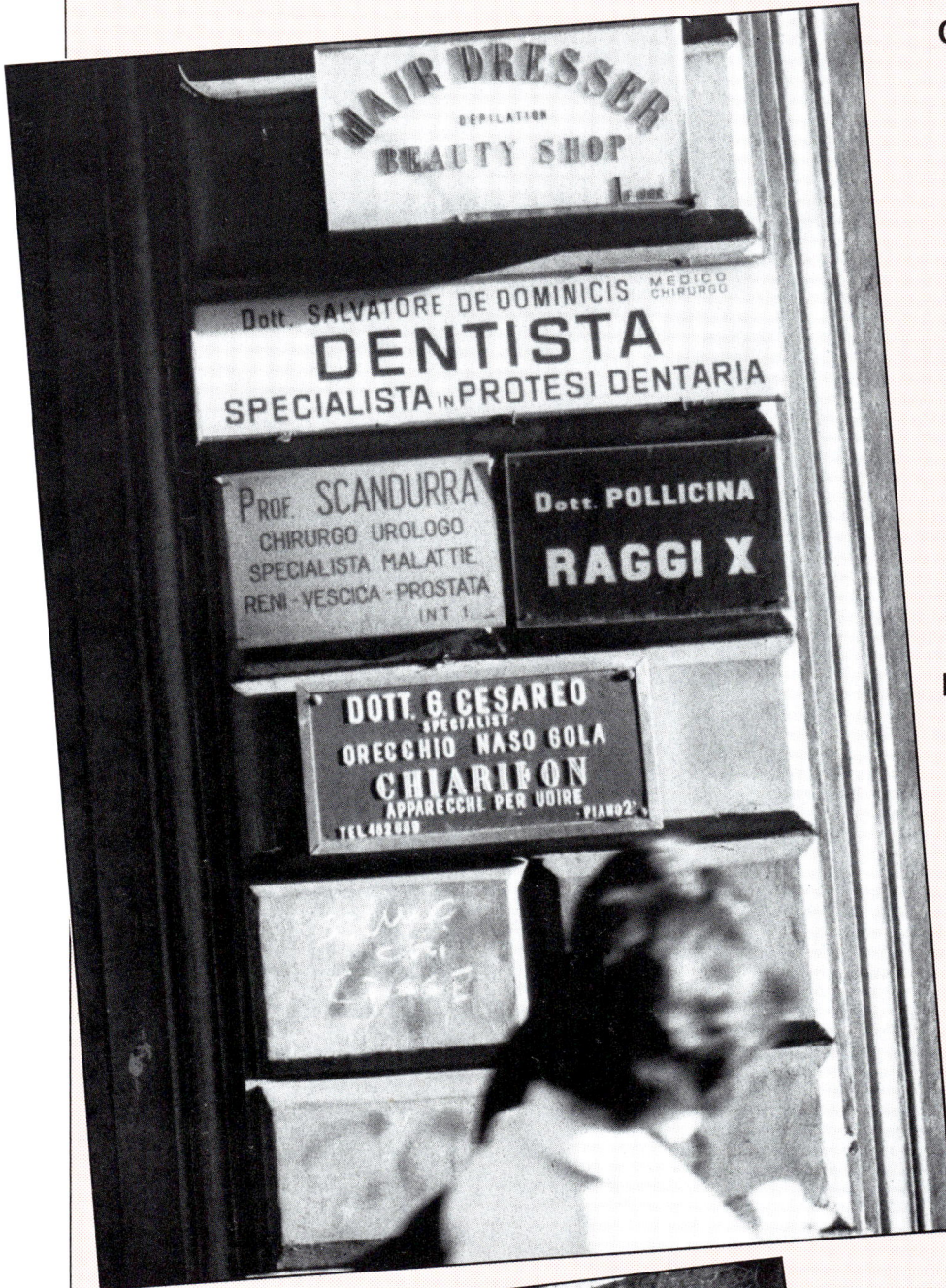

C. 1. Which doctor would you see for an ear ache?

_____

2. Which doctor takes X-rays?

_____

3. Write the English words you can find.

_____

_____

4. What does doctor De Dominicis do?

_____

D. What does the sign below mean?

Don't walk ☐

Big feet ☐

Pedestrians ☐

Cyclists ☐

Asciugamano puro cotone idrofilo
L. 3.900 2.990

COSTA COME UN ANNO FA!

BIANCOUPIM

INSEGNE.

E. 1. What is the Italian word for towel?

_____

2. Where can you buy one like this?

_____

3. How much would it cost?

_____

4. What is the towel made of?

_____

F. 1. **Salita** indicates where you get on the bus, **discesa** tells you where to get off. What does **Vietato Salire** mean?

_____

2. An Italian lady has left her glasses at home and has to ask: **Che numero è quest' autobus?** You would answer: **È numero**

Grazie, "Pesci". Adesso abbiamo un nuovo complesso. Si chiama "Avanti". Questi ragazzi sono ancora a scuola. Loro studiano molto ma trovano il tempo per la musica. Adesso cantano una nuova canzone — **Avanti**.

C'è un semaforo rosso, qui in piazza,
La gente aspetta, diventa pazza,
Vuole andare, deve aspettare,
Ma questo semaforo non vuole cambiare.
AVANTI!

Bravi, bravi. Questi ragazzi hanno solo tredici anni.

Psst. Io sono il manager.

Magnifico! Questi ragazzi hanno un manager. Bravi! E finalmente, abbiamo una ballerina molto bella. Si chiama Gesabella. La bella Gesabella. Ha, ha, ha.

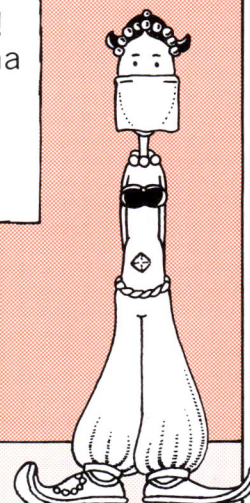

BIS BIS

Adesso aspettiamo i giudici. Scrivono molto . . . hmm . . . Ecco, sono pronti.

"I Pesci", sessantotto punti.

Il complesso "Avanti", settantanove punti.

Gesabella . . . ottanta punti.

Grazie, giudici. Grazie molto, bello Berto.

I A C ! !

Un momento, Gesabella. Hai un manager?

MANAGER

¡AC!

PAROLE NUOVE.

attento	careful
ballare	to dance
ballano	they dance
la ballerina	the dancer (female)
il cassetto	the drawer
la chiave	the key
il giudice	the judge
la gomma americana	the chewing gum
nervoso	nervous
il pesce	the fish
il primo	the first
sopra	on, above
sotto	under

sessanta 60
settanta 70
ottanta 80
novanta 90
cento 100
trecento 300
mille 1000

AVANTI PARLIAMO!

A. Dove sono le chitarre? **Le chitarre sono qui.**
Dove sono le chiavi? Le chiavi . . . .
Dove sono le gomme americane? . . . .
Dove sono le penne-biro? . . . .
Dove sono i Band-Aids Johnson? . . . .
Dove sono "I Pesci"? . . . .
Dove sono i ragazzi? . . . .
Dove sono i giudici? . . . .

B. Una chitarra per favore. **Le chitarre non sono qui.**
Una chiave per favore. Le chiavi . . . .
Una penna-biro per favore. . . . .
Una matita per favore. . . . .
Un libro per favore. . . . .
Un limone per favore. . . . .
Un panino per favore. . . . .
Un piatto per favore. . . . .

They're not here

C. Chi canta? **I ragazzi cantano.**
Chi suona? I ragazzi suonano.
Chi balla? . . . .
Chi parla? . . . .
Chi studia? . . . .
Chi gioca? . . . .
Chi ascolta? . . . .
Chi guarda? . . . .
Chi arriva? . . . .
Chi prova? . . . .

It's those kids again!

AVANTI PARLIAMO!

Who?

D. Chi scrive? | **I giudici scrivono.**
Chi beve? | I giudici bevono.
Chi ride? | I giudici . . . .
Chi vede Gesabella? | . . . .
Chi chiude le porte? | . . . .
Chi apre le finestre? | . . . .
Chi sente la musica? | . . . .
Chi dorme sempre? | . . . .

E. Chi è contento? | **Loro sono contenti.**
Chi è bello? | Loro sono . . . .
Chi è occupato? | Loro . . . .
Chi è noioso? | . . . .
Chi è pronta? | . . . .
Chi è cattiva? | . . . .
Chi è grassa? | . . . .
Chi è intelligente? | . . . .
Chi è triste? | . . . .
Chi è felice? | . . . .

F. Chi ha le chitarre? | **Loro hanno le chitarre.**
Chi ha le chiavi? | Loro hanno . . . .
Chi ha fame? | Loro . . . .
Chi ha le penne-biro? | . . . .
Chi ha freddo? | . . . .
Chi ha sete? | . . . .
Chi ha paura? | . . . .
Chi ha tredici anni? | . . . .
Chi ha un nuovo manager? | . . . .
Chi ha settantanove punti? | . . . .

UE UE UE

G. Sono sopra il tavolo? | **No, sono sotto il tavolo.**
Sono sopra il letto? | No, sono sotto . . . .
Sono sopra il telefono? | . . . .
Sono sopra il tappeto? | . . . .
Sono sopra lo specchio? | . . . .
Sono sopra il divano? | . . . .
Sono sopra la poltrona? | . . . .
Sono sopra l'acqua? | . . . .

H. C'è una ballerina? | **Ci sono cento ballerine.**
C'è un giudice? | Ci sono cento . . . .
C'è una chiave? | Ci sono . . . .
C'è una gomma? | . . . .
C'è un pesce? | . . . .
C'è una lettera? | . . . .
C'è un pittore? | . . . .
C'è un bambino? | . . . .

AVANTI SCRIVIAMO!

A. Answer the following questions referring to pages 224, 225 and 226. Begin your answer with **Sì** or **No.**

1. Dario è un po' nervoso? _____

2. Le chitarre sono sopra il tavolo? _____

3. Papà ha le chiavi? _____

4. Le chiavi sono in macchina? _____

5. I ragazzi sono in ritardo? _____

6. Il primo complesso si chiama "I Pesci"? _____

7. "I Pesci" cantano e ballano sotto l'acqua? _____

8. Ti piace Gesabella? _____

9. Questi ragazzi hanno dieci anni? _____

10. Hanno un manager? _____

11. Il complesso "Avanti" vince? _____

12. I giudici scrivono molto? _____

B. Complete the following sentences taken from the cartoon script on pages 224, 225 and 226. Try to do it first without looking.

1. Dove sono le chitarre? Perchè non sono _____ il tavolo?

2. Ecco, sono qui, _____ il tavolo.

3. Papà non ha le chiavi. Dove _____ le chiavi?

4. Io sono Umberto Nutone, e questo è _____ programma "Facce Nuove".

5. Dunque, il primo complesso _____ _____ "I Pesci".

6. I quattro ragazzi cantano, suonano e _____ sotto l'acqua.

7. Studiano molto ma _____ il tempo per la musica.

8. Adesso _____ una nuova canzone.

9. Questi ragazzi _____ solo tredici anni.

10. Un momento, Gesabella. _____ un manager?

AVANTI SCRIVIAMO!

C. Your mum tells you to clean out that drawer that is always full of odds and ends.
Write down the Italian for the things you find in the drawer.
There are exactly twenty-one of them.

1. _____
2. _____
3. _____
4. _____
5. _____
6. _____
7. _____

8. _____
9. _____
10. _____
11. _____
12. _____
13. _____
14. _____

15. _____
16. _____
17. _____
18. _____
19. _____
20. _____
21. _____

D. Write the definite article in front of the following:

1. _____ pesci
2. _____ penne
3. _____ asino
4. _____ chiavi

5. _____ scienziati
6. _____ quaderno
7. _____ anni
8. _____ idee

9. _____ musica
10. _____ complessi
11. _____ limone
12. _____ acqua

13. _____ specchi
14. _____ canzone
15. _____ giudice
16. _____ cassetto.

AVANTI SCRIVIAMO!

E. Write the following in the plural:

1. la chitarra _____
2. la chiave _____
3. la faccia _____
4. la canzone _____
5. l'idea _____
6. il giudice _____
7. lo scienziato _____

8. il tavolo _____
9. il cassetto _____
10. il pesce _____
11. l'esame _____
12. l'anno _____
13. lo specchio _____
14. il panino _____

F. Rewrite the sentences changing the words in bold into the plural.

Modello:

Il ragazzo suona bene. _I ragazzi suonano bene._

1. **Il complesso canta questa canzone.** _____
2. **Il pesce balla** sotto l'acqua. _____
3. **Il giudice scrive** molto. _____
4. **Il ragazzo vede** Gesabella. _____
5. **La ragazza sente l'idea** di Laura. _____
6. **La maestra dorme** sotto **il tavolo.** _____
7. **Il complesso è** in ritardo. _____
8. **La chiave è** in macchina. _____
9. **Il giudice ha paura** di Gesabella. _____

G. Write the following numbers in Italian:

7 _____	14 _____	19 _____
23 _____	28 _____	31 _____
35 _____	42 _____	50 _____
56 _____	64 _____	70 _____
80 _____	88 _____	16 _____

AVANTI SCRIVIAMO!

H. In the brackets in the following sentences you will find the infinitive of the verb. You have to change the infinitive to the correct form of the verb.

Modello:

Laura _parla_ molto. (parlare)

1. I giudici _____ la bella ballerina. (guardare)

2. Questi ragazzi _____ a scuola ma _____ il tempo per la musica. (essere) (trovare)

3. Loro non _____ vecchi; _____ solo tredici anni. (essere) (avere)

4. Giorgio e Angela _____ una lettera. (scrivere)

5. Dario e Faye _____ una coca-cola. (prendere)

6. Angela e Kevin _____ le finestre. (aprire)

7. Voi _____ sotto il letto. (dormire)

8. Voi _____ le chitarre sopra il tavolo. (mettere)

9. Voi _____ il telegiornale. (guardare)

10. Voi _____ sempre in ritardo. (essere)

11. Voi _____ gli occhi azzurri. (avere)

12. Noi _____ pazzi. (diventare)

13. Noi _____ in piazza. (aspettare)

14. Papà _____ in giardino, ma _____ la radio. (lavorare) (ascoltare)

15. Giorgio _____ le chiavi da questo cassetto. (prendere)

16. Tu _____ stanco? (essere)

17. No, io non _____ stanco. (essere)

18. Ma Angela, perchè _____? (ridere)

19. Io non _____. (ridere)

20. Io _____ ma tu non _____. (parlare) (ascoltare)

I. Write either **C'è** or **Ci sono** in the spaces below.

Modello:

_C'è_ una ballerina?

Ci sono tre ballerine.

1. _____ un problema.

2. _____ i viaggiatori.

3. _____ la persona.

4. _____ il manager.

5. _____ i ranocchi.

6. _____ le parole.

7. _____ le canzoni.

8. _____ il letto.

9. _____ le chiavi.

AVANTI SCRIVIAMO!

J. How did Umberto Nutone say the following in Italian?

1. I am Umberto Nutone and this is "New Faces".

_____

2. The four boys sing, play and dance under-water.

_____

3. Thank you, "Fish". Now we have a new group.

_____

4. These children are at school. They study a lot.

_____

5. Now they're singing a new song, Avanti.

_____

6. And finally we have a very beautiful dancer. Her name is Jezabel.

_____

7. We're waiting for the judges. They're writing a lot. They're ready.

_____

8. Sixty-eight points, seventy-nine points, eighty points.

_____

GIOCHIAMO . . .

PARLIAMO SOTTO VOCE.

The class is divided into teams arranged in rows. The teacher has some messages written on cards. The person at the front of each row is shown a message for, say, 10 seconds, during which time he has to memorise it. He then whispers the message to the second student, the second to the third and so on. The last person in the row writes the message on the board. If the message is perfectly correct the team scores 3 points, if it's nearly correct, 2 points. Nothing for messages completely ruined. The game resumes with all students moving back one seat and the person who wrote on the board last having to memorise the next message.

SHMUZ BLXM FRNMIQ

CANZONE.

DANZA, MATILDE! Translated by Pino Bosi.

Un vecchio vagabondo, all'ombra di un culibah,
presso uno stagno seduto un bel dì;
dice sommesso, mentre fa bollire il tè
"Vieni a danzare, Matilde, con me.
Vieni a danzare, Matilde mia bella,
vieni a danzare, Matilde, con me.
Danza, Matilde, la borraccia stringi a te
vieni a danzare, Matilde, con me."

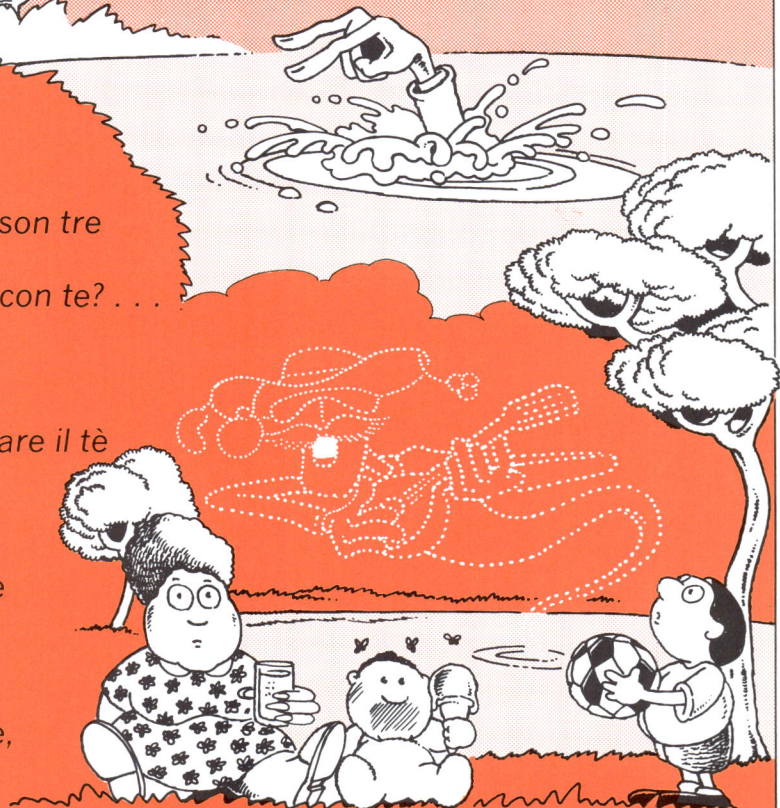

Cala un montone, per abbeverarsi un po'
e il vagabondo l'acciuffa un-due-tre.
E nel ficcarlo nel saccone che ha con sè
dice: "Matilde danzare vuol con te!
Danza, Matilde, danza, Matilde,
su, fa due salti, Matilde, con me.
Danza, Matilde, la borraccia stringi a te
vieni a danzare, Matilde, con me."

Giunge un gendarme, no! son due, no! son tre
giunge a cavallo il padron come un re:
"Cos'hai nascosto nel saccone che hai con te? . . .
fa un po' danzare Matilde con me."
Fugge il vagabondo, impaurito lì per lì
e nello stagno s'annega così . . .
ma il suo spettro di notte se ti fermi a fare il tè
dice: "Matilde, su, danza con me . . .
Vieni a danzare, Matilde, mia bella
vieni a danzare, Matilde, con me.
Danza, Matilde, la borraccia stringi a te
vieni a danzare, Matilde, con me.
Danza, Matilde, danza Mátilde
su fa due salti, Matilde, con me.
Danza, Matilde, la borraccia stringi a te,
vieni a danzare, Matilde, con me."

AVANTI ASCOLTIAMO!

To complete these exercises you must listen to Programme 19 on ABC Radio.

A. Che cosa sono?

sono le chiavi **sono gli scultori** **sono i ranocchi** **sono le canzoni** **sono i telefoni**

Now let's jumble the noises up and guess what they are!

B. Tick the expression you hear.

Modello:

Io sono molto contenta. ☐

Io non sono molto contenta. ✓

1. Ragazzi siete pronti. ☐
   Ragazze siete pronte. ☐

2. Ecco, sono qui sotto la tavola. ☐
   Ecco, sono qui sopra la tavola. ☐

3. Aspettiamo i giudici. ☐
   Aspettano i giudici. ☐

4. Grazie molto, signore. ☐
   Grazie molto, signora. ☐

5. Ragazzi, dove sono le chiavi? ☐
   Dove sono i ragazzi bravi? ☐

6. Loro mangiano e bevono molto. ☐
   Loro studiano e bevono molto. ☐

C. Circle the word you **don't** hear.

Modello:

bravo	~~intelligente~~	alto	forte
1. chiavi	gomma	penna	carta
2. lettera	penna	carta	che disastro!
3. Garibaldi	famoso	Galileo	la storia
4. bagno	camera da letto	soggiorno	studio
5. orecchio	testa	dente	naso
6. mi dispiace	mi piace	ti piace	limonata
7. sette	tre	quattro	ventuno
8. novanta	giorni	mesi	lunedì

CONTINUA

D. Listen carefully and write in the missing words.

Modello:

Umberto Nutone non è un _giudice_.

1. Gesabella è una _____ molto brava.

2. _____ pronti ragazzi?

3. No, siamo troppo _____.

4. Cantate la _____ Avanti.

5. _____ la finestra.

6. _____ le frittelle, qui?

7. Non mi _____ gli esami.

8. Chi ha l' _____ di Laura?

9. _____ _____ le chiavi di papà.

ITALIANS IN AUSTRALIA.

There are now more than a million migrants of Italian origin in Australia. Italians make up the third largest migrant group in this country, the largest being the British and the Irish.

Most people are surprised to learn that there was an Italian on the First Fleet of convicts sent from England to Australia in 1788. His name was **Giuseppe Tuso**.

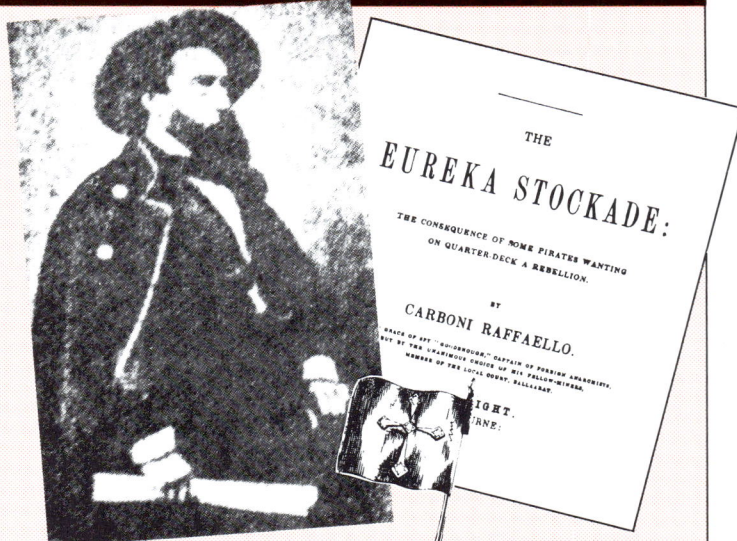

THE EUREKA STOCKADE:

THE CONSEQUENCE OF SOME PIRATES WANTING ON QUARTER DECK A REBELLION.

BY

CARBONI RAFFAELLO.

Raffaello Carboni with the title page of his book.

During the 1850's, Italy was a very unsettled country. Many Italians were fighting to free their country from foreign invaders and to make Italy a strong, unified country. Many of these revolutionaries had to escape from Italy or be punished by the authorities. One such young Italian was **Raffaello Carboni**.

ITALIANS IN AUSTRALIA.

Carboni came to Australia to try his luck in the Victorian Gold Rush in the area around Ballarat. He joined the miners in the struggle against an unfair licence that was imposed on them by the government. He became one of the organisers of the miners' rebellion that led to the battle of the Eureka Stockade in 1854.

The miners lost this battle, their stockade was overrun by government troopers and the ringleaders, including Carboni, were arrested. They were never convicted, and Carboni was able to return to Italy to rejoin the fight for freedom and unity in his own country.

Carboni wrote a book called *The Eureka Stockade* which contains a very detailed account of what happened in the battle between the miners and the troopers. See if you can get hold of a copy of this book and read to the rest of the class an interesting section of it.

Raffaello Carboni.

Above the name Raffaello Carboni draw the two flags under which he fought: the Italian flag and the Southern Cross (Eureka) flag.
During the 1800's many adventurous Italians were attracted by the idea of starting a new life, helping to open up this big country on the other side of the world.

Migrants arriving at Port Melbourne.

Courtesy THE HERALD & WEEKLY TIMES.

Italians established fishing industries in Western Australia, South Australia and New South Wales. They became involved early on in the sugar cane plantations in Queensland. Italians have played a very important part in the production of fruit and wine in the Murrumbidgee and Murray irrigation areas.

Try to find out some more about the early contribution of Italians to the area in which you live.

After establishing themselves in Australia, many Italian migrants encouraged relatives and friends in Italy to come and join them. They sent back glowing reports of the great opportunities that this vast new country offered. Sometimes they even returned to their village for a visit and amazed the people with their new-found fortune. As well as reports on life in the new country, many migrants sent back money to help other family members to migrate to Australia. The new arrivals would then encourage others back home to come and join them. This is known as "chain migration".

ITALIANS IN AUSTRALIA.

Italians were not always made to feel welcome in Australia. Australians who descended from migrants from other countries often resented the fact that Italians worked so hard and were so successful in what they did. Some people started saying things like "Keep Australia for Australians".

When World War II broke out Australia and Italy found themselves fighting on opposite sides. At that time anti-Italian feeling was at its worst. Over 3,500 Italians living in Australia were taken from their homes and put into prison camps. This happened even though there were sons of Italian migrants fighting with the Australian armed forces.

Australians these days are much more appreciative of the contribution Italians have made to their country. But you do still sometimes hear people saying "Keep Australia for Australians". <u>What is the best way to answer these people?</u>

ITALIAN INTERNEE, Victor Vito, with the farmer's little son Graham, collecting lambs for tailing. A sailor before the war, he now works on Mr. J. O. Walker's farm at Korumburra.

A story in *The Sun*, Melbourne, 27th August 1945.

During World War II some Italian Prisoners of War were brought to Australia. They were kept in prison camps or assigned to help Australian farmers. There is a short story by E. O. Schlunke called *The Enthusiastic Prisoner* which you would enjoy reading.

Sometimes Australians criticise Italian migrants for living together in certain suburbs and mixing together socially. Some people think that they should forget that they come from Italy and become "Aussies". What do you think?

A game of bocce at the Fogolar Furlan Club, Melbourne. There are many Italian clubs in Australia, mainly for people from the same region.

Living in a new country can cause tension in Italian migrant families, especially between parents and children. <u>Why would this be so?</u>

You would enjoy reading *They're a Weird Mob* by Nino Culotta. This book tells the story of a newly arrived Italian migrant in Sydney. He has studied English at school in Italy but finds that this is not much help when it comes to understanding the way Australians speak. <u>Why would Australian English be so hard for a migrant to learn?</u> Try to find a copy of this book and read some interesting bits to the class.

<u>Make a collage to illustrate the contribution made by Italian migrants to the Australian way of life.</u> You could paste onto a large sheet of paper magazine pictures, food labels, Italian newspaper

ITALIANS IN AUSTRALIA.

headlines, bits from Italian recipes or menus, Italian drink labels, newspaper photos of Italians involved in sports such as soccer, cycling, boxing, even Australian Rules football. If you run out of things to paste, mix in some of your drawings and writings. You might also find advertisements for Italian restaurants, furniture shops, Italian films on television or at the cinema, posters publicising Italian festivals. It's easy to take your own photographs of the Italian shopping areas in your city.

Present a biography of an Italian migrant in Australia. Interview an Italian parent, relative, friend or neighbour — anyone prepared to tell you about his or her life. You could make up a set of questions and then present your information as a written story or as a taped interview. Some real-life stories of Italian workers in Australia are told in a book called *With Courage in Their Cases*, Morag Loh (ed.). For more information on Italian migration to Australia, see *The Italians* by Robert Johnston.

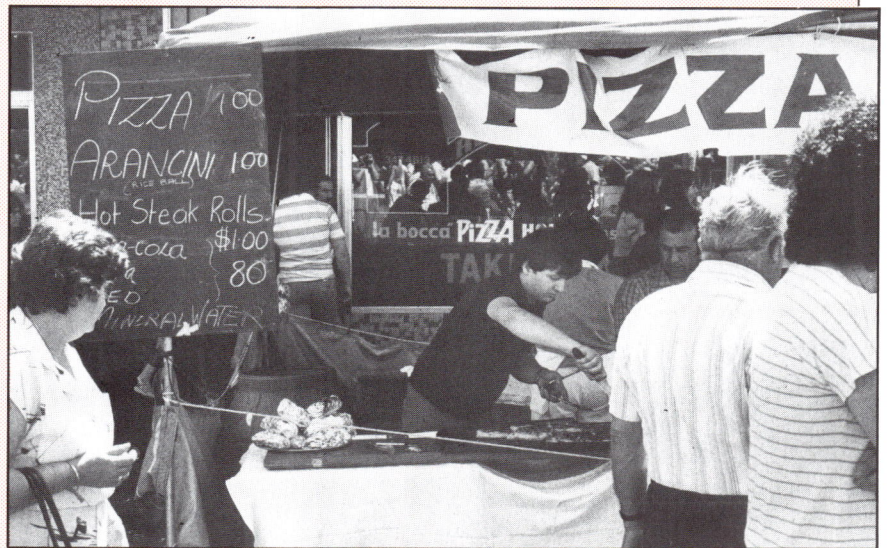

People from all cultures enjoying themselves at the Lygon Street Festa, Carlton, Victoria.

HOW ITALIAN WORKS.

A.

Suonare	Perdere	Dormire
suono	perdo	dormo
suoni	perdi	dormi
suona	perde	dorme
suoniamo	perdiamo	dormiamo
suonate	perdete	dormite
suonano	perdono	dormono

The Italian way of telling that it is <u>they</u> who are doing an action is to use the **-ano** or **-ono** on the verbs.
e.g.

I ragazzi suonano e ballano sotto l'acqua.
The boys play and dance under-water.

I giudici vedono e sentono tutto.
The judges see and hear everything.

● Notice that the **-ere** and **-ire** verbs are the same in the <u>they</u> form.
● The plural of **lui** and **lei** is **loro**. It means <u>they</u>.

Like the other pronouns **io, tu, lui, lei, noi, voi** — **loro** may be used with the **-ano** and **-ono** forms, but it is not necessary. e.g.

Loro studiano molto ma trovano tempo per la musica.
They study a lot but they find time for music.

Scrivono molto.
They are writing a lot.

Loro scrivono molto.
They are writing a lot.

● Remember! The Italian verb forms express the English idea of <u>am doing</u>, <u>is doing</u>, <u>are doing</u>. e.g.
Canto bene.
I sing well/I'm singing well.

Dormite in classe?
Are you sleeping in class?
Do you sleep in class?

B.

Essere	
sono	I am
sei	you are (s.)
è	he/she/it is
siamo	we are
siete	you are (pl.)
sono	they are

Avere	
ho	I have
hai	you have (s.)
ha	he/she/it has
abbiamo	we have
avete	you have (pl.)
hanno	they have

Andare	
vado	I go
vai	you go (s.)
va	he/she/it goes
andiamo	we go
andate	you go (pl.)
vanno	they go

Is it <u>c'è</u> or <u>ci sono</u>?

*Io abito in una città
dove* **ci sono** *molti negozi
ma* **c'è** *solo un barbiere.*
C'è *anche una stazione
e* **ci sono** *tante case.*
Ci sono *molti barbieri
nella tua città?*

Ciao, Salvatore. Come stai?
Ah, questo è Salvatore.
Finalmente vedo Salvatore!
FINE. CHE MIRACOLO!

VOCABOLARIETTO.

A

a	to, at, in
abitare	to live (in a place)
adesso	now
agosto	August
aiutare	to help
alimentari	food-stuffs
allora	well then
alto	tall, high
altro	other
amore(m)	love
anche	also, too
ancora	still
andare	to go
animale(m)	animal
anno	year
aprile	April
aprire	to open
arancione	orange (colour)
armadio	cupboard, wardrobe
arrivare	to arrive
arrivederci	goodbye, see you later
ascoltare	to listen to
asino	donkey
aspettare	to wait for
astuccio	pencil case
attento	careful, attentive
attenzione!	attention!
auguri	congratulations
aula	classroom
australiano	Australian
avanti	come in, go on, come on
avere	to have
azzurro	blue

B

bagno	bathroom, bath
ballare	to dance
ballerina	dancer, ballerina
bambina	baby (girl)
bambino	baby (boy)
banca	bank
banco	desk
barba	beard
barca	boat
basso	short, low
basta!	that's enough!
bello	beautiful
bene	well
bere	to drink
bevo	I drink
bianco	white
bicicletta	bicycle
biglietto	ticket
biliardo	billiards
biondo	blond
bisogna	it is necessary
bisogno	need
bocca	mouth
bocce	bocce (similar to bowls)
bottiglia	bottle
bravo	good, well done!
brutto	ugly
bugiardo	liar
buonanotte	good night
buonasera	good evening, good afternoon
buongiorno	good morning
buono	good
bussare	to knock

C

calcio	soccer
calzini	socks
cambiare	to change
camera	room

Calcio — Marco Tardelli scores the second goal for Italy in the 1982 World Cup final. Italy beat West Germany 3-1.

VOCABOLARIETTO.

camera da letto	bedroom
camicetta	blouse
camicia	shirt
camminare	to walk
campana	bell
cane (m)	dog
canguro	kangaroo
cantare	to sing
canzone (f)	song
capelli	hair
capitolo	chapter
cappello	hat
caro	dear
carta	paper
cartella	school bag
casa	house, home
cassata	cassata ice cream
cassetto	drawer
castano	brown (— eyes, hair)
cavallo	horse
c'è	there is
centesimo	cent
che (cosa)?	what?
che miracolo!	what a miracle!
città	city
classe (f)	class
clima (m)	climate
come	how, as
come stai?	how are you?
come ti chiami?	what's your name?

Mi chiamo Centogambe.

complesso	musical group, band
corto	short
chi	who
chiamo	
mi chiamo	my name is
ti chiami	your name is
si chiama	his/her name is
chiave	key
chitarra	guitar
chiudere	to shut
ci	there
ciao	hi, bye
ci sono	there are
collana	necklace
compleanno	birthday
comprare	to buy
con	with
coniglio	rabbit
contento	happy
coraggio	courage
così così	so so
cravatta	tie
cucina	kitchen

D

dammi!	give me!
destra	right (hand)
deve	he/she has to, must
di	of, from
dicembre	December
disastro	disaster
disordinato	untidy
divano	couch
diventare	to become
dollaro	dollar
domani	tomorrow
dopo	after
dormi tu?	are you sleeping?
dove?	where?
dov'è?	where is?
dunque	well then

E

ecco!	here is! here are!
ecco i ragazzi!	here are the kids!
e, ed	and
elefante	elephant
elegante	elegant
emù	emu
entrare	to enter
erba	grass
esame (m)	exam
essere	to be

F

fa	makes, equals
facile	easy
fai	you do
fame (f)	hunger
farmacia	chemist's, pharmacy
fattoria	farm
fazzoletto	handkerchief
febbraio	February
felice	happy
fermare	to stop
fine (f)	end, finish
finestra	window
formare	to form
formula	formula
forse	perhaps
forte	strong
fortunato	lucky

What about finocchio?

Fra Martino	Brother Martin
francese	French
fratello	brother
frittella	doughnut
fumare	to smoke
fuori	outside
futbol	football

G

gabinetto	toilet

gallina	chicken
gallo	rooster
gatto	cat
gelateria	ice-cream shop
gelato	ice-cream
geloso	jealous
generoso	generous
gennaio	January
gesso	chalk
giallo	yellow
giardino	garden
giocare	to play (a game)
giocattoli	toys
giochiamo!	let's play!
giorno	day
giovedì	Thursday
giraffa	giraffe
girare	to turn
giudice (m)	judge
giugno	June
gomma	rubber
gomma americana	chewing-gum
gonna	skirt
granata	maroon
grande	big
grazie	thanks, thank you
greco	Greek
gridare	to yell
grigio	grey
guardare	to look at

I

idea	idea
impicchiamo	let's hang
importante	important
impossibile	impossible
in	in
in ritardo	late

VOCABOLARIETTO.

in tempo	on time
indietro	back
indumenti	clothing
inglese	English
insieme	together
intelligente	intelligent
inventare	to invent
io	I
italiano	Italian

K

koala (m)	koala

L

là	there
lavagna	blackboard
lavanderia	laundry
lavare	to wash
lavasecco	drycleaning
lavorare	to work
lavoro	work
leggere	to read
lei	she
leone (m)	lion
lettera	letter
letto	bed
lì	there
libero	free
libreria	bookshop
libro	book
limonata	lemonade
limone (m)	lemon
lingua	tongue, language
lo sai che?	do you know that?
lo so	I know
luglio	July
luna park (m)	luna park
lui	he
lunedì	Monday
lungo	long

M

ma	but
macellaio	butcher
macelleria	butcher's shop

maestro/a	teacher
maggio	May

magnifico	magnificent, great
maiale (m)	pig
male	not well, badly
mamma mia!	good grief!
manager (m)	manager
mangiare	to eat

Mortadella!
They've left out
mortadella —
my favourite word!!

mare (m)	sea
marrone	brown
martedì	Tuesday
marzo	March
matita	pencil
mattina	morning
meno	less
mentre	while
mese (m)	month
mettere	to put
mezzo	half
mi dispiace	I'm sorry
mi va	I feel like (it)
minestra	soup
modello	model, sample, example
moderno	modern
modesto	modest
momento	moment
montagna	mountain
mucca	cow
musica	music

N

nervoso	nervous
nero	black
noi	we
noioso	boring
no	no
nome (m)	name
non	not
nuovo	new
novembre	November

O

o	or
oca	goose
occupato	busy
oggi	today
ogni	each, every
orologio	watch
ottobre	October

P

paese (m)	town, country
pagina	page
panino	bread roll
papà	father, dad
parlare	to speak
parliamo	let's speak
parola	word
pasticceria	cake shop
patatina	potato chip
paura	fear
pazzo	mad
pecora	sheep
penna	pen
per	for, multiplied by, to
perchè	because
perchè?	why?
per favore	please
persona	person
pericoloso	dangerous

È PERICOLOSO TOCCARE!

pesce (m)	fish
piacere	to like
mi piace	I like (it)
ti piace	you like (it)
piano	softly, slowly
pianoforte (m)	piano
piatto	plate
piazza	city-square
piccolo	small
pigiama (m)	pyjamas
piscina	swimming pool
pittore (m)	painter
più	more, plus
pizzeria	pizza shop
po' (poco)	few, a little bit
poltrona	armchair
pomeriggio	afternoon
porta	door
pranzo	dinner
prendere	to take
presto!	hurry!
problema (m)	problem
profumeria	perfume shop
promosso	promoted
pronto	ready
proprio	really
prossimo	next
provare	to try
pullover (m)	jumper

VOCABOLARIETTO.

Q

quaderno	note book, exercise book
quando	when
quanti/e?	how many?
quanto!	what a lot of!
quanto/a!	how much?
quasi	almost, nearly
questo	this
qui	here

R

radio (f)	radio
ragazza	girl
ragazzo	boy
ranocchio	frog
ricco	rich
ridere	to laugh
riga	ruler
rimessa	shed
ripetete!	repeat!
rosa	pink
rosso	red
rossetto	lipstick

S

sala	room
sala da pranzo	dining-room
salotto	lounge room
scappiamo!	let's escape!
scarpa	shoe
scienziato	scientist
scrivere	to write
scriviamo!	let's write!
scultore (m)	sculptor
scuola	school
scusi!	excuse me, pardon!
se	if
sedia	chair
segreto	secret
semaforo	traffic light
sempre	always
sentire	to listen, hear, feel
senza	without
sera	evening
sete (f)	thirst

settembre	September
sì	yes
sicuro	sure
sigaretta	cigarette
signor (e)	Sir, Mr
signora	Madam, Mrs
silenzio	silence
simpatico	nice, likeable
sinistra	left (hand)
soggiorno	living room
solo	only, alone
sopra	on, above
sorella	sister
sorpresa	surprise
sotto	under
spagnolo	Spanish
stanco	tired
stanza	room
storia	history, story
stretto	tight
studiare	to study
studio	study
stupido	stupid
sua	his, her
subito	immediately
sul	on the
suona	ring, play (an instrument)
suonare	to ring, to play (an instrument)
supermercato	supermarket

T

tabacchi	tobacconist
tagliare	to cut
tanti	many
tanto	much
tappeto	carpet
tardi	late
tavola	table
tavolo	table
te	you
tedesco	German
telefonare	to phone
telefono	phone

telegiornale	news (on T.V.)
televisione (f)	television
tempo	time
tennis (m)	tennis
terrazza	terrace
testardo	stubborn
tigre (f)	tiger
timido	shy, timid
tocca a noi	it's our turn
toccare	to touch
treno	train
triste	sad
troppo	too
trovare	to find
tu	you
tutti	all, everybody
tutto	all, everything

U

uccello	bird
un	a, an
un'	a, an
una	a, an
uno	one, a, an
un po'	a little

V

va bene	O.K., alright
vecchio	old
vedere	to see
vendere	to sell
venerdì	Friday
verde	green
vestito	dress, suit
viaggiatore (m)	traveller, explorer
vietato	forbidden
vincere	to win
viola	purple
voi	you (pl)
volta	time
vorrei	I would like
vuole	he/she wants

Z

zebra	zebra
zucchero	sugar

Due zuccheri per piacere.